L'Algérie

GUIDE

DE

L'ÉMIGRANT

PAR

UN COLON

Renseignements généraux sur la colonie,
Concessions territoriales par l'État,
Moyens d'en obtenir, etc.

AVEC UNE CARTE

———— ⁕ ————

PARIS

AGENCE TERRITORIALE ALGÉRIENNE

15, rue de Babylone, 15

—

1881

18к

L'Algérie

GUIDE

DE

L'ÉMIGRANT

PAR

UN COLON

Renseignements généraux sur la colonie,
Concessions territoriales par l'État,
Moyens d'en obtenir, etc.

AVEC UNE CARTE

———❈———

PARIS
AGENCE TERRITORIALE ALGÉRIENNE
15, rue de Babylone, 15
—
1881

Au moment où la France va donner de nouveau un éclatant témoignage de sa sollicitude pour l'Algérie en accordant libéralement les cinquante millions que le gouvernement lui demande pour acheter aux indigènes des terres destinées aux immigrants, agrandir les ports de mer, développer les voies de communication, boiser les montagnes, assécher les marais, endiguer les fleuves et les rivières, assainir complètement la contrée, en un mot rendre à ce pays une partie de sa splendeur passée en donnant une nouvelle et vive impulsion à la colonisation, nous ne pouvons moins faire, nous vieil Algérien, que de joindre nos efforts à ceux de nos gouvernants pour concourir avec eux, dans la limite de nos faibles moyens, au prompt peuplement de notre vaste et belle colonie, et aider ainsi à y asseoir notre domination d'une manière solide et définitive.

Le moyen le plus sûr pour obtenir ce résultat est de faire connaître l'Algérie telle qu'elle est, c'est-à-dire sans exagérer les avantages, déjà très grands, qu'elle présente à l'émigration, car la faire connaître, c'est la faire pré-férer à toutes autres régions. C'est dans ce but que nous offrons au public, sous le titre de *Guide de l'Emigrant*, un aperçu du pays, des us et coutumes agricoles chez les indigènes, des cultures européennes, des richesses que recèle notre possession du nord de l'Afrique, etc., ainsi que quelques conseils basés sur des observations que nous a permis de faire un séjour de plus de quinze années dans notre colonie.

A cet essai, écrit sans autre prétention que celle d'être utile, nous avons annexé le décret du 30 septembre 1878 relatif aux concessions, ainsi qu'une carte indiquant les principales villes Algériennes et tous les centres en voie de peuplement.

En le parcourant, le lecteur verra qu'il est inutile de franchir l'Océan et d'aller chercher dans les lointaines et immenses solitudes du Nouveau Monde des terres à cultiver, quand, aux portes de la France, à quelques heures de Marseille, en Algérie enfin, l'État en concède gratuitement d'aussi bonnes sinon de meilleures, à tout émigrant sérieux.

Mai 1881.

L'ALGÉRIE

Guide de l'Émigrant

Aperçu Géographique.

L'Algérie n'est séparée de la France que par la Mer Méditerranée qui la baigne au nord et dont la traversée, très agréable en été, s'effectue généralement, aujourd'hui, en trente et quelques heures, souvent même en vingt-huit. Elle est limitée à l'est par la Tunisie, au sud par le Sahara et à l'ouest par l'empire du Maroc. Ses côtes, qui font face à l'Italie, à la France et à l'Espagne, ont un développement de deux cent vingt-cinq lieues. Sa largeur, qui s'accroît sans cesse, peut être évaluée à cinq cents kilomètres.

La population de notre colonie est approximativement de 2,900,000 habitants, dont environ 380,000 Européens parmi lesquels l'élément français domine naturellement.

Les Espagnols à l'ouest, les Italiens et les Anglo-Maltais à l'est et au centre, forment une importante minorité. Viennent ensuite les Suisses, les Allemands, les Belges, etc. Quant aux indigènes étrangers, on rencontre beaucoup de Tunisiens et de Marocains dans chacune des provinces limitrophes de leurs pays respectifs. D'humeur vagabonde, ils parcourent notre possession en tous sens, les uns travaillent comme manœuvres ou terrassiers sur nos chantiers ou bien vont faire dans les forêts du charbon qu'ils viennent vendre ensuite à la ville ; les autres vendent des poteries, des nattes, des tapis, du kif aux fumeurs, des bonbons, des baignets, mais la plupart s'adonnent à la paresse et ne vivent que d'expédients.

Les nègres et les Mozabites originaires, les premiers, du Sahara, les seconds, des oasis de l'extrême sud, sont nombreux aussi et, en outre, très laborieux. Les nègres sont casseurs de pierres, badigeonneurs, entrepreneurs de transport à dos d'âne, autrement dits bourricotiers, jardiniers, fabricants de petits paniers en osier enjolivés de bandelettes en drap de diverses nuances ; leurs femmes vendent des galettes, des sardines frites, des épis de maïs grillés, etc. Les Mozabites, eux, se livrent presque exclusivement au commerce, qu'ils entendent à merveille. Ils sont marchands de tissus, merciers, épiciers, droguistes, bouchers, fruitiers, charbonniers, baigneurs. Ce sont eux qui, parmi les indigènes, traitent le plus d'affaires commerciales. La confiance qu'ils inspirent est assez grande pour que le nomade, si méfiant de sa nature, n'hésite jamais à leur donner, sans reçu, ses économies à garder. Lorsqu'après un séjour de plusieurs années dans nos principaux centres, le Mozabite a réalisé un certain pécule, il cède son fonds et reprend le chemin de son oasis où sa famille, qu'il n'a vue qu'à de rares intervalles, l'attend avec une légitime impatience.

On compte en Algérie quarante villes dont quinze ports de mer, ainsi que de nombreux et charmants villages reliés entr'eux, quelques-uns par des voies ferrées, le plus grand nombre par des routes bien entretenues qui attestent l'état prospère de cette vaste et belle contrée.

On divise celle-ci en trois régions parallèles à la mer : le Tell, les Steppes et le Sahara.

Le Tell.

Le Tell commence à partir de la Méditerranée et s'avance

jusqu'aux Steppes, c'est la partie la plus fertile de notre colonie; toutes les cultures du midi de l'Europe y réussissent, surtout quand on peut irriguer. Il renferme d'immenses et riches plaines où l'on aperçoit de distance en distance, à travers quelques arbres tantôt négligemment épars, tantôt élégamment groupés, soit une jolie bourgade, soit un hameau ou une ferme isolée dont la blancheur des murs, badigeonnés à la chaux, contraste agréablement avec la verdure qui l'entoure, l'azur du ciel et la couleur sombre des gourbis du douar voisin. On y voit aussi de riants coteaux qu'ombragent, ordinairement, partout où se révèle la présence d'un Européen, l'olivier toujours vert, la vigne, cet arbuste providentiel de l'Algérie, enfin bon nombre de nos arbres fruitiers d'Europe. De hautes montagnes s'y élèvent également et y occupent une large place; les unes ont leurs flancs et, parfois, leurs sommets boisés, mais beaucoup d'entr'elles sont entièrement dénudées; la végétation y semblerait complètement éteinte sans la présence de quelques broussailles et plantes rabougries qui surgissent çà et là de l'anfractuosité des rochers et que pendant la saison sèche, le pasteur indigène vient faire brouter à ses troupeaux affamés.

Les Steppes

Les Steppes ou Hauts Plateaux forment la seconde région, celle du milieu; la culture y est à peu près nulle; cela tient à la rareté de l'eau. C'est un pays de parcours; aussi les Arabes y entretiennent-ils d'innombrables troupeaux de moutons qui, lorsque l'année est favorable, c'est-à-dire lorsqu'il a plu suffisamment et que l'herbe abonde, sont pour eux une source de profits considérables.

Les Européens qui y résident sont des commerçants, des industriels et des fonctionnaires.

Le Sahara.

Le Sahara algérien n'est pas le vrai Sahara ou Grand Désert des géographes, mais il en est le commencement, la première étape. Les quelques centres importants que nous y avons sont occupés par nos troupes; autour desquelles sont venus se grouper d'abord tous ces petits marchands qui suivent les colonnes et ensuite les trafiquants sérieux qui, à l'ombre de notre drapeau, se livrent en toute sécurité à leur négoce.

Dans cette contrée l'eau fait souvent défaut, mais là où il y en a, on est sûr de trouver le palmier dont le fruit, la datte, est la base de l'alimentation de l'habitant de la région des sables. On est souvent surpris de rencontrer dans certains jardins du blé, de l'orge, du maïs, des prunes, des abricots, etc., qui ont pu traverser la période des grandes chaleurs et arriver à maturité, grâce aux larges palmes du dattier qui les ont préservés des atteintes mortelles d'un soleil dévorant.

Administration.

Administrativement, l'Algérie se divise en trois grandes provinces englobant chacune un département portant le même nom qu'elles. Ainsi nous avons au centre les province et département d'Alger, à l'Ouest ceux d'Oran et à l'Est ceux de Constantine.

Chaque province comprend donc deux territoires, l'un dit civil et l'autre dit militaire ou de commandement. Le premier (le département) est administré par un préfet, des sous-préfets, des administrateurs et des maires; le second par un général de division qui a pour adjoints des généraux de brigade dans les subdivisions, des chefs de bureaux, dits arabes, dans les cercles ou districts et des officiers subalternes, dépendants de ces derniers, dans les annexes.

Alger, chef-lieu de la colonie, est le siège du gouvernement général. Tous les services administratifs y sont centralisés. Un général, commandant les forces de terre et de mer, y réside; il est placé sous l'autorité du gouverneur. En cas d'absence ou d'empêchement de ce dernier, le secrétaire général du gouvernement fait l'intérim.

Un conseil du gouvernement, composé des chefs de tous les grands services, assiste le gouverneur général.

Chaque année, dix-huit conseillers généraux élus par les corps dont ils font partie, se réunissent aux membres du Conseil précité pour établir et voter le budget, etc.

Climat.

Le climat de l'Algérie est à peu près semblable à celui de notre Provence. Il varie naturellement suivant l'attitude et la topographie des lieux. Sur les plateaux élevés de l'intérieur, comme aux environs de Soukharas, Constantine, Batna, Sétif, Aumale, Médéah, Milianah, etc., la neige séjourne plus ou moins longtemps sur le sol, tandis que dans les plaines voisines du littoral, elle n'apparaît que très rarement et fond immédiatement. Aussi peut-on dire, sans avoir à craindre d'être accusé d'exagération, qu'en dehors des mois de janvier et février, pendant lesquels il tombe des giboulées absolument comme en France pendant le mois de mars, le froid est inconnu dans les parties basses du Tell.

Il n'y a pour ainsi dire que deux saisons dans notre possession africaine : la saison sèche et la saison pluvieuse. La première débute en mai et se prolonge jusqu'en octobre. Durant cette période, il ne pleut guère qu'à la suite d'orages, si ce n'est dans la région méditerranéenne où les vapeurs de la mer se résolvent quelquefois en pluie. La seconde commence donc en octobre ou plutôt en novembre pour ne prendre fin qu'en avril ou mai. En Algérie, aussi bien qu'ailleurs, les années se suivent, mais ne se ressemblent pas toujours.

La quantité d'eau recueillie par le pluviomètre sur divers points de nos côtes algériennes est à peu près double de celle qui tombe en France. De là cette luxuriante végétation qu'on admire tant dans le Nord de notre colonie.

Voies de communication.

Alger est actuellement en communication quotidienne avec Bouffarick, Blidah, Milianah, Orléansville, Le Sig, Relizane, Mascara, Saïda, Sidi Bel Abbès et Oran, ainsi qu'avec beaucoup d'autres localités intermédiaires, par la voie ferrée qui la relie à cette dernière ville et les embranchements de cette ligne. Elle le sera bientôt avec la Tunisie par Sétif, Le Kroubs, Guelma, Duvivier et Soukharas. Déjà Bone et Philippeville ont chacune leur chemin de fer particulier qui les fait communiquer avec leur chef-lieu de département et Sétif, ville importante, située au milieu de la fertile plaine de la Medjana, à près de mille mètres d'altitude.

Avant peu de temps une foule de produits encore inutilisés en raison de la difficulté des transports, seront livrés au commerce et à l'industrie, grâce à la création de nouvelles routes et de nouveaux établissements de crédit destinés à favoriser l'initiative privée et les entreprises utiles à la colonie.

Exportation.

Pour le moment, nous exportons des céréales par navires entiers, des bœufs, des moutons, des porcs par milliers; des chevaux, des laines, des cuirs, des minerais de fer, de zinc, de cuivre, de plomb argentifère, etc.; des graisses, des huiles, du liège en énorme quantité, du tannin, de l'alfa, du foin, des dattes, des figues sèches, des jujubes, des bananes, des grenades, des oranges renommées, des citrons, des caroubes, des primeurs de toute sorte, des graines de lin, de colza, de ricin, des arachides, du corail, du tabac, des essences de fleur d'oranger, de géranium et autres; des plantes médicinales, des vins fins et ordinaires, des bois pour l'ébénisterie et la fabrication des cannes, des manches de parapluies, etc., des œufs et des plumes d'Autruche, des peaux de fauves, du gibier, des tapis, couvertures, armes blanches et autres articles de fabrication indigène.

Importation.

En retour, nous recevons le fer ouvré, des machines, des bois de charpente et de menuiserie, des meubles, des vins fins et ordinaires, des liqueurs, des épices, des comestibles, des drogues, des produits chimiques, des farines, du ciment, des étoffes, des articles de Paris et de modes, d'horlogerie et de bijouterie, du charbon de terre, du marbre, des ardoises, des produits céramiques, des chevaux, mulets de trait, des baudets étalons, de la carrosserie de luxe, des chaussures, des vêtements confectionnés, des instruments de musique, d'optique, etc., des armes de chasse et autres, de la papeterie, verrerie, etc., etc.

Industrie

L'industrie est encore peu développée dans notre possession d'Afrique; cela se conçoit. Pour qu'elle s'y implante et qu'elle y prenne de l'essor, il est nécessaire, avant tout, que les moyens de transport y soient faciles, sans cela, les prix de revient de ses produits ne lui permettraient pas de soutenir la concurrence étrangère. C'est là d'ailleurs [que tendent tous les efforts de l'administration. Toutefois on y trouve déjà des distilleries, des brasseries et des minoteries importantes. Parmi ces dernières, nous citerons les usines Lavie, à Constantine, qui peuvent être comparées aux plus belles de la Métropole. On y compte plusieurs verreries, de nombreux moulins à huile, à tan, des tanneries, des scieries mécaniques, des fabriques de pâtes alimentaires, de bougie, de savon, de glace (eau congelée), de meubles, de plâtre, des chantiers de construction de bateaux de pêche et de plaisance, des usines à gaz, des fabriques d'eaux gazeuses, des briqueteries, tuileries, etc., etc.

L'indigène tisse ses vêtements de laine, ses couvertures, ses tapis, fabrique ses chaussures, le harnachement de ses chevaux et mulets, des armes blanches, des bijoux, des vases en métal, en terre et en bois, des meubles, des instruments de musique et aratoires à son usage, enfin des objets en sparterie et de fantaisie. Il fait son huile, son pain et moud généralement son grain, soit au moyen de deux petites meules dont il fait tourner la supérieure à l'aide d'une manivelle, soit d'un moulin plus grand, mais tout aussi primitif, que le moindre courant d'eau fait mouvoir.

Cours d'eau.

Il y a beaucoup de rivières dans la partie nord de l'Algérie, mais il n'est guère possible, sauf quelques-unes, de les mettre en parallèle avec celles de France : véritables torrents en hiver, elles ne sont plus que de simples ruisseaux durant l'été. Les plus larges, les plus profondes, même, peuvent être traversées, en certains endroits, à pied sec, en août et septembre, c'est assez dire qu'aucune d'elles n'est navigable. Outre les bancs de sable qui les obstruent, elles sont fréquemment barrées par des rochers qui s'opposeraient au passage des bateaux.

Nos cours d'eau, lacs et étangs algériens sont riches en anguilles et en barbeaux; quant aux autres variétés de poisson, elles y sont très rares, si ce n'est aux embouchures des fleuves.

Ceux qui se livreraient à la pisciculture y trouveraient certainement de grands avantages.

La sangsue abonde dans certains marais, elle pourrait donner lieu à un commerce important.

Les côtes sont très poissonneuses; elles possèdent à peu près toutes les espèces ichthyologiques de la Manche et des rivages bretons. Les langoustes de Djidjelli, les petites huîtres et les énormes crevettes de Bône sont fort appréciées dans la colonie.

Les Arabes s'adonnent peu à la pêche, qu'ils ne connaissent, du reste, que très imparfaitement; il en est de même de la chasse, malgré l'abondance de gibier qui peuple les landes et les bois. Le sanglier est très commun en Kabylie et dans les autres régions montagneuses et boisées. On y trouve quelquefois aussi (mais loin des lieux habités par les colons) le lion et la panthère, ces hôtes redoutables de nos forêts, la hyène, le chacal et le lynx (espèce de chat sauvage) qui ne sont à craindre que pour la volaille, les agneaux et les chevreaux.

En dehors du scorpion et de la vipère, qu'on ne rencontre ordinairement que dans le sud, les reptiles sont peu dangereux dans le nord de l'Afrique.

Forêts

Anciennement l'Algérie était bien plus boisée qu'aujourd'hui, mais depuis l'invasion et l'occupation de cette contrée par les Arabes, peuple éminemment pasteur et destructeur, les forêts ont disparu en majeure partie et, de nos jours, même en dépit d'une surveillance active exercée par l'Etat et les particuliers et de la sévérité des mesures répressives, le feu, chaque année, vient encore anéantir ou circonscrire davantage nos massifs forestiers déjà si clair-semés. A quoi attribuer ces sinistres presque périodiques? à la malveillance ou bien à l'imprudence? A l'une et à l'autre, sans doute, car il n'est pas encore démontré qu'un tesson de bouteille ou le frottement accidentel de deux branches d'arbre ou de deux brins d'herbe desséchés, puissent, même en temps de canicule, occasionner ces conflagrations générales.

Les essences qui dominent, sont le chêne-liège, le chênezeen, le tremble, le pin, le sapin, le noyer, l'orme, le melèze, le fresne, le peuplier, le bouleau, l'arbousier, le caroubier, le châtaignier, l'olivier, le jujubier, l'aulne, le saule, le thuya, le myrthe, etc., etc.

Mines et Carrières

Les mines sont assez nombreuses en Algérie. Celles de Mokta-El-Hadid, près de Bone, occupent un millier d'ouvriers et fournissent un minerai de fer magnétique très estimé. Il existe d'autres mines de fer, notamment à Collo, à Djidjelli, ainsi que dans les provinces d'Alger et d'Oran. Le zinc provenant de l'exploitation des N'baïls Nador, non loin de Bone, est d'excellente qualité, trois cents mineurs y sont constamment employés. Entre La Calle et la frontière tunisienne, on exploite aussi une mine de plomb argentifère. Ailleurs on extrait du cuivre, etc.

Plusieurs carrières de marbre onyx, de marbre blanc, de granit sont également en exploitation.

De puissants gisements de divers métaux ont été reconnus depuis peu. On attend, pour y mettre la pioche, que des routes y donnent accès, car s'il fallait transporter le minerai à dos de mulet ou de chameau, les frais d'extraction et de transport dépasseraient le prix de vente. On peut en dire autant de certaines carrières et forêts encore inexploitées pour les mêmes raisons.

Matériaux de construction.

Les pierres à chaux et à plâtre sont communes dans notre colonie, la terre glaise aussi ; néanmoins, nous ne conseillons pas aux immigrants de bâtir beaucoup au début, attendu que la main-d'œuvre européenne est chère et qu'il est toujours temps de s'agrandir. Ils doivent, d'abord, s'ils ont un lot de ferme isolée, choisir sur leur terrain l'emplacement de leur future habitation. Ils éviteront les bas fonds, le trop grand voisinage des rivières, à cause des miasmes qui s'en échappent, des brouillards qui s'y forment et qui engendrent la fièvre. Le penchant d'une colline avec exposition au levant et source abondante et bonne ou puits peu profond à proximité, est ce qu'il y a de mieux pour une installation en Algérie. Si, près de l'en-

2

droit choisi, se trouvent quelques grands arbres pour abriter les troupeaux contre l'ardeur du soleil pendant l'été, rien n'y manquera.

La pierre se trouvant partout, il est préférable de construire en moëllon qu'en pisé, lequel, d'ailleurs, ne peut être employé qu'à une certaine hauteur du sol et à la condition, en outre, d'être garanti des pluies torrentielles de l'hiver. Si la chaux est à bon marché dans la localité, on bâtira avec du mortier ordinaire, si non, ce qui arrive parfois lorsqu'il faut aller l'acheter au loin, on fera usage de terre grasse (terre à pisé) détrempée, et l'on crépira avec un mélange de gros sable et de chaux.

Les bois de charpente et de menuiserie se trouvent rarement sur place; il faut s'en approvisionner à la ville; c'est ce qui fait qu'ils reviennent toujours à un prix assez élevé. On ne doit donc pas, nous ne saurions trop le répéter, chercher à faire grand à son arrivée, mais se borner au strict nécessaire, pour ne pas aliéner inutilement une partie de son capital qui, quelque considérable qu'il soit, trouvera toujours son emploi, soit quand les cours sont bas, en achats de grains, de bestiaux, de fourrages que l'on revend avec de grands bénéfices lorsque la hausse est revenue, soit en plantations, en aménagement d'eau, etc.

Bien des immigrants inexpérimentés ont dissipé leur avoir en bâtisses et ont dû abandonner ensuite leurs propriétés pour aller chercher ailleurs des moyèns d'existence : leur exemple n'est pas à suivre.

Si on a l'intention de créer un vignoble (ce que nous ne pouvons que conseiller), qu'on ajourne la construction des caves; on a deux ans devant soi, la vigne ne produisant guère avant la troisième année, et l'on pourra dans cet intervalle réunir les matériaux nécessaires, à temps perdu, et profiter d'un moment de chômage (il y en a toujours pour les maçons, très nombreux dans notre colonie), pour les édifier d'une manière économique.

Les greniers, dont bien des habitations sont dépourvues, sont d'une grande utilité pour la conservation des provisions d'hiver, notamment de la pomme de terre, qui germe vite en cave. Il est bon qu'ils soient suffisamment élevés pour que l'air y circule librement. Cette recommandation s'applique naturellement aussi à l'intérieur des maisons dont les pièces doivent être vastes, carrelées ou parquetées et surmontées de plafonds d'au moins trois mètres de hauteur.

Les céréales se conservent mieux en silos qu'en greniers. Le silos est une espèce de puits de trois à quatre mètres de profondeur, très évasé à sa partie inférieure et étroit à sa partie supérieure, que l'on creuse en terrain sec et que l'on ferme hermétiquement quand il est rempli. Ces silos, en usage chez les indigènes et chez bon nombre de cultivateurs européens, sont très appréciés. Le charançon et autres granivores ne peuvent y vivre, faute d'air. Aussi peut-on y laisser séjourner le grain plusieurs années sans crainte d'avaries.

Comme on le voit, les magasins à blé, à orge, etc., les bergeries, les étables, les écuries et porcheries ne sont pas d'une nécessité absolue, puisque les silos et les gourbis peuvent en tenir lieu pourvu qu'ils soient bien gardés. On verra plus loin que les granges ne sont pas indispensables non plus.

La basse-cour, les jardins pourront être clôturés avec le figuier de Barbarie ou bien avec l'aloës. Ces plantes épineuses ont une végétation rapide et sont en état, la troisième année de leur plantation, de former une barrière infranchissable. Le figuier de Barbarie produit, en abondance, un fruit sucré, assez agréable, et l'aloës ou agave une tige de trois à cinq mètres dont les Arabes se servent en guise de chevrons pour la construction de leurs gourbis.

Les colons du littoral devront planter dans les parties marécageuses de leurs domaines des 'bambous, des eucalyptus, des saules, des aulnes, des ormes et des peupliers; ils obtiendront ainsi, en peu de temps, du bois dont ils leur sera aisé de tirer un avantageux parti. L'osier y réussira également; il faudra donc en planter aussi, car il servira soit à faire des paniers, des ruches, etc., soit à fabriquer des liens et des attaches.

Dans les cas où l'on aurait bâti sur un terrain incliné, il serait indispensable d'établir un fossé en amont de l'habitation, afin de détourner les eaux pluviales et de se soustraire, par ce moyen, à l'humidité dangereuse partout.

Concessions

Il y a trois catégories de concessions, savoir:

Les concessions agricoles ou de village, comprenant un lot à bâtir, un lot de jardin et un ou plusieurs lots de culture; leur étendue varie de 25 à 40 hectares.

Les concessions dites industrielles, se composant généralement d'un lot à bâtir, d'un lot de jardin et d'un petit lot de culture; leur étendue totale est de 2 à 10 hectares.

Les concessions dites lots de ferme, formées d'un seul lot de grande culture, ont une contenance variant de cinquante à cent hectares.

Les lots de jardins sont ordinairement irrigables, et les autres cultivables en céréales et en vigne.

Les fermes isolées ont leur bons côtés : la surveillance en est plus facile que lorsque la concession est divisée; on perd moins de temps pour se rendre au travail, pour rentrer les récoltes, etc., mais elles ne peuvent convenir qu'aux familles nombreuses et disposant d'un capital rela-

tivement important, tandis que les lots de village conviennent à tout le monde; le séjour en est plus agréable,
d'abord, il offre plus de sécurité et de ressources au petit
cultivateur, qui peut faire profiter de l'école ses enfants,
avantages dont ne jouissent pas toujours, par le mauvais
temps surtout, ceux du colon isolé; ensuite, s'il a un état
et qu'il éprouve un moment de gêne, il lui est facile de
faire quelques journées ou un travail quelconque pour un
voisin; cela l'aide à attendre l'époque de la moisson. En
cas de maladie, d'incendie, les secours sont plus prompts,
l'existence y est moins monotone; chaque auberge a son
journal, chaque mairie sa petite biliothèque communale.

Tout centre un peu important a son église, son école de
filles et de garçons. Le médecin de colonisation, rétribué
par le département, y soigne gratuitement les malades peu
fortunés.

Conseils aux Émigrants.

Les terres affectées à la colonisation sont livrées aux immigrants vers la fin de l'été. Ceux-ci n'ont donc pas de temps
à perdre pour construire une maison avant la saison pluvieuse qui débute en novembre.

Pendant qu'ils édifieront leurs demeures, ils pourront lo-
ger au village voisin ou camper sous une tente ou bien dans
un gourbi (cabane faite de broussailles et recouverte d'herbe
de marais) que les Arabes leur élèveront pour quelques
francs. Avec un bon chien de garde et un fusil on n'a rien
à craindre; néanmoins, il est plus sûr de se réunir plusieurs
familles ensemble jusqu'à l'achèvement des constructions.

L'Arabe est très chapardeur; il faut, en conséquence, se
méfier de lui, ne pas l'admettre chez soi et, par précautions,
tout fermer à clef . Sa malpropreté et celle de sa famille est,

d'ailleurs, parfois si repoussante qu'elle suffirait à les faire exclure de la maison. Il est gourmand de sucre et de café. Avec une tasse de cette infusion, on lui fait faire bien des petites corvées.

Lorsqu'on arrive avec peu d'argent dans une contrée qu'on ne connaît pas, et qu'on se propose de s'adonner à l'agriculture, il convient, pour ne pas faire un apprentissage ruineux, d'imiter les procédés des gens du pays, lesquels peuvent paraître défectueux, mais ne laissent pas d'être, ainsi qu'on est forcé de le reconnaître plus tard, en rapport avec les exigences du climat, la nature du sol et les faibles moyens dont ces derniers disposent. Observez donc l'indigène, cultivez comme lui la première année et faites mieux ensuite.

Coutumes.

Le cultivateur arabe n'a pas de laboureurs à gages; tous les ans, après le battage des grains qui s'opère en plein champ, soit au rouleau, soit par le pied des chevaux ou des mulets, il engage sur l'aire même autant de Khammès qu'il a de *djebdas* ou *charrues* à cultiver. La djebda varie de dix à quinze hectares, suivant les usages locaux basés, d'ordinaire, sur la topographie du lieu.

Le Khammès est un associé ; il laboure, moissonne avec sa famille et quelques ouvriers que lui adjoint le propriétaire, transporte, bat la récolte et reçoit, après le prélèvement de la semence fournie par son maître, le salaire des moissonneurs et les avances à lui faites dans le courant de la campagne, le cinquième du grain récolté sur la djebda qui lui a été confiée. Son nom vient du mot « khamsa » qui veut dire cinq. Sa part est quelquefois plus forte, mais c'est seulement lorsqu'il a fourni des bœufs pour les labours ou des bêtes de somme pour rentrer la moisson.

La coutume veut, lorsqu'on traite avec le Khammès, qu'on lui fasse une avance de soixante à cent-vingt francs, remboursable à l'expiration de son engagement. Quinze jours avant les labours, c'est-à-dire vers la mi-octobre, il doit avoir installé, à ses frais, son gourbi sur l'emplacement qui lui a été assigné. Il est également astreint à élever un abri semblable pour les bœufs qu'on lui confie et qu'il doit soigner. Sa femme ou ses femmes (quelquefois il en a deux, il peut même en avoir quatre légitimes) traient les vaches, les chèvres, les brebis et fabriquent le beurre moyennant une faible rétribution en nature où en espèces.

Si le Khammès a un cheval ou un mulet, et que sa monture soit entretenue sur la propriété, il est tenu de faire certain travail, lequel consiste habituellement à aller chercher de temps à autre du bois ou du diss dans la montagne, pour les besoins de la ferme.

Lorsqu'il est employé au jardinage, on lui abandonne le tiers ou la moitié des produits selon la coutume locale.

Dans les fermes isolées, il est toujours prudent d'avoir ses Khammès groupés autour de l'habitation ; c'est une garantie ; on les rend, du reste, solidairement responsables des vols et larcins qui pourraient se commettre, et comme ils sont très indiscrets, envieux de tout ce qui frappe leur vue et fort peu scrupuleux, il faut, comme nous l'avons déjà dit, les tenir à l'écart.

L'indigène campagnard possède rarement un véhicule, aussi tous ses transports se font-ils à dos de chameau, de cheval, de mulet ou d'âne.

Dans les terres argileuses et les régions élevées, l'Arabe ne donne qu'une façon à la terre, ne commence ses labours qu'après les premières pluies qui n'apparaissent qu'en novembre le plus ordinairement, sème très dru, de petites surfaces seulement à la fois pour éviter, prétend-il, que les oiseaux ne mangent sa semence qu'il ne chaule jamais ; il gratte avec son araire tout primitif la surface du sol, qu'il écorche tant bien que mal sans le retourner tout à fait. Il laisse toujours ainsi une bande de terrain non remué, entre deux sillons, et souvent aussi de nombreuses mottes gazon — nées qui ne sont que soulevées. Le hersage et le roulage n'é- tant pas pratiqués par lui, il en résulte qu'une partie du grain, semé avant le labour, reste à découvert, et que celui , qui est enfoui, repose, la plupart du temps, sur ces bandes de terre dont nous venons de parler, ce qui, dans les années de sécheresse, l'empêche de se développer convenablement. De là ces chétives récoltes en pays indigène, lorsque les pluies ont été peu abondantes.

Cet écorchement partiel du sol a pour conséquences de faire perdre une bonne partie de la semence qu'étouffe le ga- zon incomplètement retourné, ou que dévore le moineau ra - pace. De plus, si des touffes de broussaillés, des chardons , des pierres se trouvent dans le champ à labourer, le Kham - mès tourne autour avec sa charrue et se garde bien de les enlever. Si ces obstacles existent, c'est Dieu qui l'a voulu, dit-il, et c'est ainsi qu'il excuse sa paresse.

Une sorte de métayage existe aussi en Algérie ; on trouve, en effet, des indigènes qui fournissent la moitié des labours, des semences, des frais de moisson et de battage, moyen- nant le partage de la récolte. Il en est d'autres qui se char- gent de tout, à la condition de prélever pour eux les deux tiers des produits.

Quand on manque de bœufs pour les labours, on peut en louer, soit chez les grands propriétaires européens, soit chez les Arabes. Le prix de location se paie en espèces ou en nature, après la récolte.

Le blé dur et l'orge sont à peu près les seules céréales que cultivent les indigènes en terres sèches, mais là où les arrosages sont possibles, ou bien encore sur le littoral, où règne toujours une certaine humidité qui pénètre le sol, ces derniers sèment le blé de mars, l'orge naine, l'avoine, le maïs, le sorgho, les fèves, les pois chiches, le tabac, etc.

Le plus grand nombre des cultivateurs arabes délaissent le jardinage. Ceux qui s'en occupent, se bornent, à moins qu'ils ne soient jardiniers de profession, à semer quelques navets, oignons, raves, courges, concombres, pastèques et melons.

Quant aux prairies artificielles, aux cultures industrielles, elles leur sont inconnues, à l'exception de celle du tabac. Il en est de même de l'arboriculture. Sauf l'olivier, l'oranger, le citronnier et quelques autres arbres fruitiers qu'ils savent greffer en fente, leurs connaissances sont très limitées, et ils ne cherchent pas à les étendre, malgré les avantage qu'ils en retireraient.

Les orges et les blés arrivent à maturité en mai et juin, selon l'altitude et l'exposition du lieu. Ainsi, la moisson se fait plutôt dans les plaines voisines de la mer que sur les plateaux de l'intérieur, et plutôt sur ceux-ci que sur les hauteurs qui les entourent.

Lorsque le moment de la récolte approche, des milliers de Kabyles, armés de faucilles, descendent de leurs montagnes et viennent offrir leurs bras aux colons pour la durée de la moisson, qui est d'un mois et demi environ. Ils regagnent ensuite leurs villages (le kabyle, beaucoup plus industrieux que l'Arabe, a sa maison, etc.) et se préparent, à leur tour, à couper leurs céréales, travail qui précède de trois mois la cueillette des olives et des caroubes.

Le prix de la journée du moissonneur est en moyenne de deux francs, d'une galette arabe ou d'un kilogramme de pain et d'un peu de kouskoussou (sorte de semoule granulée, cuite à la vapeur, fortement pimentée et arrosée d'huile ou de lait) que leur préparent les femmes des Khammès et que leur portent et leur servent ces derniers.

La journée commence au lever du soleil et se termine à son coucher. Deux ou trois heures sont consacrées au repos du midi.

On coupe très haut, à vingt centimètres au-dessous de l'épi. On fait des poignées de ceux-ci, qu'on lie avec un brin d'herbe et dépose sur le sol, où elles séjournent jusqu'au moment de leur mise en meule, à côté de l'aire qui est toujours située sur un lieu élevé, afin de procéder plus commodément au vannage, opération qui consiste à lancer en l'air, avec une pelle, le grain battu, lorsque la brise souffle. La paille et la poussière sont ainsi séparées du grain, qui reste sur place.

L'indigène ne criblant pas les céréales, il en résulte que celles-ci renferment toujours des pierrailles, des petites mottes de terre et autres impuretés qui rendent la farine obtenue par les moyens que nous avons fait connaître, impropre à la fabrication du pain français.

Cultures européennes.

L'Européen, cultive, outre les blés, les orges, l'avoine, le seigle, le maïs, les fèves et les pois chiches, les pommes de terre, la patate et le topinambour, la betterave, le sorgho, les vesces, le tabac, le lin, la ramieh, le ricin, le colza, la luzerne, le trèfle, le sainfoin, le géranium, le coton, les primeurs, etc., etc. Nous ne parlons pas ici de l'horticulture ni de de la viticulture, attendu qu'un chapitre leur est consacré plus loin.

Les petits cultivateurs, dont le cheptel est restreint au début, labourent eux-mêmes une dizaine d'hectares à la charrue française et s'associent avec des Arabes pour la culture du surplus.

Les semailles d'automne, faites sur un seul labour par l'Arabe, sont, comme nous l'avons vu, toujours tardives en raison des pluies qu'il faut attendre, et défectueuses par suite du mauvais outillage et de l'inhabileté des laboureurs. D'après nous, on devrait labourer profondément au printemps les terres destinées à être ensemencées en novembre afin d'aérer le sol et de détruire par l'action du soleil les mauvaises herbes qui peuvent s'y trouver. Par ce moyen très simple, il n'y aurait plus qu'à semer fin octobre et à donner un bon hersage ou un léger coup de binette en travers pour recouvrir la semence qui profiterait ainsi de toutes les pluies de la saison. La germination se ferait alors dans d'excellentes conditions. La végétation serait rapide et quand le simoun ou siroco (vent du désert) viendrait à souffler, l'épi déjà mur n'aurait plus rien à redouter de ce fléau qui brûle ou racornit le grain lorsque celui-ci n'est encore qu'à l'état laiteux.

Plus tard, quand son installation sera entièrement terminée, le colon ne sèmera son froment que dans un sol bien préparé et fumé, autant que possible, de l'année précédente et après une récolte sarclée ou une jachère morte. En procédant de cette façon, il verra ses terres se couvrir de riches moissons et son immeuble décupler de valeur. Sur un défrichement de bois ou de broussailles, il obtiendra aussi, pendant trois ou quatre années, de beaux produits sans faire usage d'engrais. Les défrichements se font ordinairement pour le bois.

An lieu d'ensemencer chaque année comme le font beaucoup d'Arabes, la totalité de son domaine, en céréales, il est préférable, le foin étant rare dans bien des localités, d'en réserver une partie pour les cultures fourragères, La luzerne, le trèfle et le sainfoin exigeant en Afrique, des irrigations ou un sol très frais, on pourra partout où ceux-ci n'auraient pas chances de réussir, semer des vesces soit avec de l'orge, de l'avoine ou du seigle, soit encore avec du sorgho ou du maïs. On aura ainsi au printemps un aliment abondant et nutritif qui permettra d'entretenir un nombreux troupeau et de traverser la saison sèche sans que ce dernier ait à souffrir du manque de nourriture.

Le fourrage est la base d'un bonne exploitation. Sans lui pas de bestiaux, par suite pas d'engrais, pas de récoltes : ce serait par conséquent la ruine. Il faut donc s'appliquer à en obtenir le plus possible. Les terres qu'on ne cultivera pas en produiront un peu qu'on fauchera pour le mettre en réserve. Les troupeaux seront conduits chaque jour sur le communal ou les terrains trop accidentés pour être cultivables, afin d'économiser le foin récolté. On n'entamera celui-ci que lorsque l'herbe aura disparu des champs, c'est-à-dire en août, septembre, et pendant les quelques mauvais jours d'hiver.

Le topinambour, qui est peu difficile sur le choix du sol, ne devra pas être dédaigné. Une fois introduit quelque part, il s'y multiplie et s'y inféode pour ainsi dire. On peut extraire de ses tubercules en aussi grand nombre que ce soit, il en reste toujours assez pour assurer la récolte suivante. Il remplace au besoin la pomme de terre, et ses tiges séchées sont précieuses pour le four. Ses feuilles font les délices des moutons et des chèvres.

La betterave, elle aussi, serait d'une grande utilité en Algérie ainsi que la carotte, le navet, le panais, les choux et autres légumineuses, mais il leur faut de l'eau, autrement ils ne parviennent pas à leur complet développement.

La pomme de terre et la patate douce ou sucrée exigent également, pour produire beaucoup, de fréquents arrosages et de fortes fumures. On les obtient, toutefois, en assez grande quantité, sans irrigations, en terres fraîches et légères, à la condition de les planter de bonne heure. En terrains irrigables, il est possible de faire plusieurs récoltes de pommes de terre. Celles qu'on expédie en France en décembre, en même temps que les petits pois, se plantent en août. L'artichaut, qui pullule à l'état sauvage dans la partie est de notre Colonie et dont les indigènes font grand cas (ils mangent d'abord ses jeunes pousses en guise de cardon, ensuite son fruit qui est gros comme une pomme, et enfin, alimentent leur foyer avec ses tiges et racines desséchées), l'artichaut, disons-nous, se récolte vers la même époque sur le littoral. Il produit beaucoup. Au printemps, il donne encore. Sur les plateaux élevés, il n'arrive à sa grosseur normale qu'en avril et mai. Il fournit une seconde récolte en octobre ou novembre.

Les haricots verts, aubergines, courges, fraises, etc., n'apparaissent sur les marchés qu'un peu plus tard.

Le ricin, le colza, le lin couvrent des espaces considérables et réussissent parfaitement.

Le coton était autrefois en honneur dans notre possession africaine, mais aujourd'hui sa culture est à peu près abandonnée. Elle exige des irrigations et surtout beaucoup de bras au moment de la cueillette, qui doit s'opérer partout simultanément, car si on ne recueille pas le coton lorsque s'ouvre l'espèce de coque qui le renferme, le moindre vent l'emporte ou le fait tomber. Il se souille alors de terre et perd énormément de sa valeur. On reviendra à cette culture, très rémunératrice, le jour où l'on pourra employer les femmes et les enfants indigènes à la récolte de ce produit.

Quant au tabac, qui prospère si bien dans le nord de notre colonie, on le cultive sur une grande échelle. Chaque famille peut en faire deux ou trois hectares selon le nombre des membres qui la composent. D'habitude on s'adjoint des espagnols, très au courant de cette culture, qui, moyennant le partage du tabac récolté, font les semis, les plantations ou repiquages, les binages, l'ététage, l'effeuillage, le séchage, le manoquage, et la mise en balle. En un mot, ils se chargent de tout à l'exception du transport à la ville dont les frais sont supportés en commun.

Ainsi que pour le Khammès, il est d'usage de faire à ces métayers des avances qu'ils remboursent lors de la récolte, en août ou septembre.

Le tabac a besoin d'un sol profondément remué et fertile. L'eau ne lui est pas indispensable, au contraire, car pour avoir des qualités supérieures, il faut un terrain léger et peu humide. On fait parquer, quand cela est possible, avant le labour qui précède la plantation. Tout se borne là.

La culture du tabac est libre, la vente en est facile puisque l'Etat et le Commerce l'achètent. Le rendement moyen est de 12 à 15 quintaux par hectare, et le prix varie entre trente à cent soixante francs les cent kilogrammes. Bien préparées, les bonnes qualités se vendent généralement cent francs le quintal métrique.

Les magasins de l'Administration délivrent gratuitement des graines de choix aux Colons qui en font la demande.

Viticulture

La religion Musulmane interdisant l'usage du vin, l'indigène cultive peu la vigne et encore n'est-ce que pour en vendre le fruit au marché.

Notre colonie, cependant, se prête à merveille à cette culture qui a déjà fait et fera encore la fortune de bien des Algériens. Nous avons vu en Kabylie, près Djidjelli, des ceps de vigne vierge ayant plus de cinquante centimètres de circonférence à un mètre du sol et s'élevant à la hauteur des plus grands arbres dont le faîte et les branches inférieures ployaient sous le poids d'énormes grappes qui nous rappelaient celles de la terre promise.

Pour donner une idée du parti qu'on peut tirer de la vigne dans notre région Tellienne, il suffira de mettre sous les yeux du lecteur les passages suivants, extraits, les six premiers, d'un rapport adressé au Gouverneur Général par un professeur de Viticulture en renom et le dernier, de l'Enquête agricole faite il y a plusieurs années déjà, sur l'ordre du Gouvernement.

« Tous les terrains sont essentiellement propres à la vigne les uns aux plants abondants, les autres aux plant nobles, aux vins communs et aux vins de choix. »

« Le climat de l'Algérie est un des plus fortunés qu'on puisse désirer. La vigne doit y prospérer et porter partout la richesse. »

« Même au milieu des rochers et des sables brûlants qui redoublent les ardeurs du soleil, la vigne montre, par les tons vers de son feuillage combien elle est à tous égards, la plante algérienne. »

« La vigne joue un rôle très secondaire en Algérie, alors qu'elle devrait y régner en souveraine. »

« L'Algérie deviendra, quand elle le voudra, une des contrées, les plus riches du monde.

« A mes yeux, le but à poursuivre c'est l'herbe et la vigne le bétail et le vin. »

« La vigne pousse très bien partout en Algérie, les terrains les plus escarpés, les plus secs, les plus arides, les plus pierreux, qui semblent les plus inutiles, les plus frappés de stérilité, sont ceux où les ceps se développent à l'aise et produisent les grappes les plus savoureuses.

Ce n'est pas le sol qui manque, et si, en matière de boisson, l'Algérie n'est pas encore parvenue à se suffire à elle-même, il faut en rechercher la cause dans les déceptions qu'ont éprouvées certains viticulteurs qui, *ayant employé des procédés de fabrication défectueux*, n'ont pas vu le succès couronner leurs efforts et ont renoncé à la partie par découragement.

Ainsi que les plus renommés d'Espagne et d'Italie, situés sur la même zone, les vins d'Algérie sont très riches en alcool et en principes saccharins. »

Comme on le voit, de quelque manière et à quelque exposition qu'on la plante, la vigne se développe rapidement en Algérie. Sa végétation sera d'autant plus prompte que le terrain ne sera pas trop compacte et qu'il conservera un peu de fraîcheur durant l'été.

En terres légères, sa plantation peut s'opérer à la barre, à mine, de la même manière que celle d'un chou au plantoir. Le trou fait, on y introduit le sarment préparé, on remplit le vide avec de la terre meuble qu'on arrose un peu pour la tasser ; on taille ensuite à deux yeux et l'opération est terminée.

Dans les terrains argileux ou calcaires, on a souvent recours au même procédé de plantation, mais il est bien préférable d'ouvrir des fossés de 60 centimètres de largeur sur autant de profondeur et d'y coucher le plant, qu'on maintient horizontalement en le recouvrant d'une couche de terre fortement piétinée. L'extrémité du sarment ne doit dépasser le niveau du sol, aplani par le remplissage des fossés, que de 5 à 6 centimètres seulement.

Il y a des vignerons qui assurent qu'en retranchant le

vieux bois (la crossette) du nouveau, la pousse est plus rapide, le succès plus certain. Quant à nous, nous n'oserions l'affirmer, mais ce que nous croyons, c'est que, si récemment détachés des souches que soient les plants, il est toujours prudent de retailler leurs extrémités inférieures et même de les fendre légèrement quand elles sont grosses, afin de faciliter la naissance des radicelles.

L'espacement observé lors des plantations, est le plus communément d'un mètre et demi en tous sens. C'est suffisant dans un sol médiocre, tandis que dans les terrains riches, deux mètres ne sont certainement pas de trop, si l'on considère qu'en Algérie aucun support ne maintenant la vigne, celle-ci traîne et rampe en liberté. Trop rapprochée, l'enchevêtrement de ses pampres empêcherait l'air et le vigneron de circuler.

La plantation en chaîntres est également préconisée depuis quelque temps. Nous verrons bientôt ses résultats. Elle consiste à distancer les plants de 8 à 10 mètres les uns des autres et de façon à ce que leur ensemble forme un quinconce. On laisse à la vigne ainsi plantée quatre pousses qui, taillées chaque année en vue d'augmenter leur longueur, ne tardent pas à former des cordons ou traînes de 2 à 3 mètres qu'on pose au printemps sur des petites fourches fichées en terre pour hâter le développement et la maturité du raisin.

Ce mode de plantation a un avantage sur les autres, c'est de rendre plus facile le binage qui, lorsqu'il s'agit de grands vignobles, ne peut se faire qu'à la charrue. Il suffit, en effet, avant de se mettre à l'œuvre, d'enlever ces petites fourches et de ramener sur la ligne des souches que suit parallèlement l'araire, toutes les traînes qui en sont écartées, chose aisée à faire à l'aide des piquets susdits dont on se sert pour les maintenir. Ce travail achevé, il ne reste plus

3

que quelques coups de crochet à donner au pied de chaque souche.

Il conviendrait, d'après nous, d'apporter quelques modifications à la culture de la vigne dans notre colonie. Ainsi, on devrait tailler celle-ci de façon à obtenir à un mètre de hauteur environ, des cordons qui seraient maintenus par des attaches, à des fils métalliques que supporteraient des pieux ou de forts échalas. Ces rangées de treilles superposées seraient suffisamment espacées pour permettre à la charrue vigneronne de faire son office, le temps venu. Cette disposition ne diminuerait en rien la production du raisin, au contraire, car, tout en augmentant considérablement la qualité de celui-ci, elle le préserverait de la dent des chacals, des chiens kabyles, très friands de ce fruit, et aussi des déprédations des merles, des grives et autres oiseaux, par cette bonne raison que la surveillance du vignoble serait devenue plus facile.

Par ce procédé, aussi peu dispendieux que simple à réaliser, le raisin vendangé ne serait plus souillé de terre comme celui qu'on ramasse sur le sol, et le vin qui en proviendrait n'aurait pas ce goût détestable, écœurant, qu'on lui trouve parfois.

Parmi nos vins ordinaires, il y en a d'excellents. La nature du cépage, celle du terrain, l'exposition et le mode de culture sont pour beaucoup, sans doute, dans leur qualité, mais les soins apportés à leur fabrication n'y contribuent pas moins.

La plupart des propriétaires algériens pressent leurs vendanges au fur et à mesure qu'elles se font et distillent le marc. Les cuves qui reçoivent le jus du raisin sont en bois, quelquefois en briques cimentées. La température élevée des caves nuit à la vinification; elle rend trop rapide la fermentation que ne surveille pas toujours assez le vigneron.

Aussi, autant par l'absence du tannin qui lui est nécessaire pour sa conservation que par suite d'un séjour trop prolongé dans des cuves découvertes, le vin est-il souvent devenu piqué lors du soutirage.

Nous en avons fait de très bon, près de Constantine, avec du raisin ordinaire, mais exempt d'impuretés et, de plus, bien mûr. Voici quelle a été notre manière de faire : Après sa mise en cuve, nous l'avons fait fouler et recouvrir avec une natte. Matin et soir, on enfonçait le marc, afin de l'empêcher de s'aigrir au contact de l'air. La fermentation, une fois ralentie, on fermait de nouveau et entièrement la cuve avec un couvercle mobile, puis, quand au bout de quelques jours, le vin était suffisamment reposé et qu'il avait pris une belle couleur, nous le soutirions et le mettions dans des tonneaux bien nettoyés et placés dans un endroit frais, en ayant soin de ne pas trop enfoncer les bondes. Deux mois plus tard, ce vin pouvait être bu; il avait du corps et un goût parfait.

Quant aux vins fins et de liqueurs, il y en a d'exquis chez certains vignerons, et il n'est pas douteux pour nous, qu'un jour viendra où nos crus pourront rivaliser avec les meilleurs d'Espagne et d'Italie.

Les vignobles les plus estimés, sont situés (aux environs d'Alger), à Birkadem, Kouba, Staouëli, Boudzaréah, etc., de Médéah, de Milianah, de Bône, Philippeville, Soukharras, Jemmappes, de Constantine (au Hamma, à Bizot, à Smendou, Batna), d'Oran, de Mascara et de Tlemcen.

Vers la fin de 1878, nous avions dix-sept mille six cent treize hectares de vigne se décomposant ainsi :

Province d'Alger.................... 7.098
Province d'Oran.................... 7.616
Province de Constantine 2.899

Depuis lors, les plantations n'ont fait que s'accroître.

Le rendement varie entre cinquante et cent hectolitres à l'hectare. A Duzerville, près de Bône, on obtient fréquemment, en plaine, jusqu'à deux cent cinquante hectolitres. Dans la Mitidja, entre Alger et Blidah, à Fouka et à Koléah, même département, on est parvenu à obtenir des rendements tout aussi considérables.

On se procure aisément, sur place, à raison de dix à douze francs le mille et en aussi grand nombre qu'on le désire, des plants de tous cépages, lors de la taille qui a lieu de janvier à mars, selon l'altitude du lieu où elle se pratique.

La dernière récolte a été achetée, en grande partie, sur pied, par des négociants du Midi qui ont procédé eux-mêmes à la vinification. Les prix d'achat ont été de trente cinq, quarante, cinquante et soixante francs l'hectolitre de vin ordinaire, suivant la qualité du raisin et la situation des vignobles.

Ces derniers étant encore très clair-semés, le phylloxera serait facilement circonscrit s'il venait à s'introduire en Algérie.

Avant d'en finir avec la vigne, nous croyons devoir conseiller aux personnes qui se proposent d'en planter en fossés, de faire creuser ceux-ci (surtout en terres fortes) avant les grandes chaleurs, pour que le soleil d'été, qui fait en Afrique l'œuvre de la gelée dans le nord, brûle la terre, désagrège et délite les mottes, et aère le sous-sol souvent très compacte.

Plantée dans ces conditions, il y a peu de manque; la végétation est plus prompte et le succès certain.

Races chevaline, asine, bovine, etc.

L'élevage du cheval ne se pratique en grand que dans les tribus du sud; c'est là, du reste, qu'on rencontre les plus beaux spécimens de ces coursiers du désert, dont les Arabes

se montrent si fiers avec raison. Néanmoins, il est rare
qu'un propriétaire indigène aisé du Tell n'ait pas plusieurs
juments destinées à la reproduction. La remonte tient toujours à la disposition des particuliers des chevaux et des
baudets étalons. Le cheval arabe est plus petit que celui de
France et très médiocre pour les travaux pénibles ; on
l'attelle au cabriolet, aux diligences ; mais ce qui lui convient le mieux, c'est la selle Ses jarrets sont d'acier et son
pied très sûr ; aussi fournit-il une longue course sans fati-
guer beaucoup. Il franchit les torrents, gravit les talus les
plus rapides, descend les pentes les plus dangereuses sans
faire le moindre faux pas. Sa douceur égale son intelligence.
Il obéit à la voix, d'un mot il s'élance ou s'arrête, au gré de
son maître. C'est le favori de l'Arabe, l'ami de sa famille.

Le mulet, dans notre colonie, de même que dans les pays
de montagnes, rend plus de services que le cheval. Il est
plus robuste, plus sobre que ce dernier, exige moins de soins,
supporte de plus lourds fardeaux, s'accommode aussi bien
de la selle que de la charrue, du bât que de la voiture,
quand une fois on l'y a accoutumé.

L'âne, ce mulet du pauvre, y est très apprécié aussi, c'est
lui qui, chaque matin, porte au marché les légumes, les fruits
du modeste jardinier, la paire de poules et les quelques
œufs qu'un à un a amassés son maître, et que ce dernier va
échanger contre un peu de grossière farine ; c'est lui encore
qui, dans les régions accidentées, transporte le moellon, le
sable, la chaux, le plâtre des carrières à la ville. Pour récompense, que reçoit-il ? un peu de paille seulement. Heu-
reux encore quand, ployant sous le faix, son conducteur
indigène, aussi cupide que cruel, ne le frappe pas de son
pesant matrak, ou ne lui ravive pas ses plaies à l'aide d'un
bâton pointu, pour accélérer sa marche hésitante.

Les bœufs que possède l'Arabe sont généralement de

petite taille. Ils vivent de peu et ne consomment du grain que durant les labours. On donne alors à chacun d'eux, le soir, en rentrant des champs, mêlée à de la paille hachée, deux à trois litres d'orge. C'est leur unique repas. En dehors de cette période de travail, qui se prolonge jusqu'en février ou mars, selon la contrée, les bœufs comme les autres herbivores indigènes ne vivent que de l'herbe, des broussailles, etc., qu'ils peuvent trouver sur les parties du territoire affectées au pacage. Lorsque le pâturage fait complètement défaut, on leur distribue parcimonieusement de cette paille, chargée de poussières et provenant du dépiquage, qu'on a mise de côté pour les grandes occasions. Malheureusement, cet aliment si ordinaire et si peu nutritif vient quelquefois à manquer, alors les troupeaux, pressés par la faim, se jettent avec voracité sur tout ce qui leur tombe sous la dent, chardons secs, plantes épineuses, etc., et contractent ces maladies aphtheuses qui les déciment en peu de temps.

Les vaches, les brebis et les chèvres étant mal nourries et exposées aux intempéries des saisons, aussi bien aux chaleurs accablantes de l'été qu'aux rigueurs de l'hiver (les étables et les bergeries sont rares dans les tribus), il advient que ces pauvres bêtes n'ont qu'un lait insuffisant et de mauvaise qualité, que leur croît souffre dès son jeune âge et n'arrive presque jamais à atteindre tout son développement. Le résultat contraire serait obtenu avec une nourriture saine, abondante et des abris (de simples hangars ou gourbis suffiraient). Le colon qui, lui, a souci de son bétail, s'enrichit.

Ce que nous venons de dire ne concerne pas, bien entendu, les cantons où existent de gras pâturages, mais ceux où la culture des céréales absorbe la presque totalité des terres.

L'Arabe ne faisant pas de fourrages artificiels, il n'est pas étonnant que dans les districts dépourvus de prairies naturelles, ces troupeaux s'étiolent, dépérissent et disparaissent même à la longue.

Le porc est un objet d'horreur pour le musulman, qui n'en mange ni n'en élève. L'élevage de cet animal utile est pourtant très avantageux. Jusqu'au moment de son engraissement, il ne vit guère que de racines, d'herbe, d'escargots, de grenouilles, de reptiles, etc., qu'il trouve dans les ravines, le long des ruisseaux, sous les pierres et dans les champs après la moisson. Dans les pays boisés, les glands et autres fruits forestiers suffisent, le plus souvent, à son alimentation. Certains propriétaires en ont des centaines. Inutile de dire qu'ils en tirent un grand profit. On les vend généralement à des marchands de Marseille qui viennent chaque année, dans la colonie, faire des achats considérables de bœufs et de moutons. Ce commerce donne lieu à un mouvement d'exportation très important, surtout depuis que des navires ont été spécialement affectés au transport de ces animaux.

Apiculture.

L'apiculture n'est pas encore bien développée dans notre possession. Le colon s'en occupe peu et l'indigène moins encore, si ce n'est en Kabylie. Cependant on recueille d'excellent miel, et il faudrait peu d'efforts pour en obtenir de très grandes quantités.

Sériciculture.

Autrefois on s'adonnait beaucoup à la sériciculture, mais depuis quelques années on l'a négligée. Ce délaissement est attribué à la mauvaise qualité des graines de vers à soie et aussi à l'inexpérience des nouveaux éducateurs. L'an dernier, toutefois, on s'y est remis avec ardeur et les résultats ont été bons en général. Espérons que ceux de la présente campagne seront meilleurs encore et que le succès de ces tentatives stimulera nos cultivateurs et les décidera à reprendre la culture du mûrier, arbre qui vient si bien en Algérie.

Nopaleries.

La culture du Nopal à cochenilles (Opuntia Coccinelli-fera) qui donne de très grands bénéfices quand elle est bien entendue, pourrait être entreprise par les colons dont les terres se trouvent dans le voisinage de la mer. Ils procéderaient d'abord sur des espaces restreints (dix à quinze ares par exemple) et lorsqu'ils verraient le succès répondre à leurs premiers efforts, ils agrandiraient leurs champs d'exploitation.

La belle couleur qu'on extrait de la cochenille se vend toujours un prix élevé, aussi chaque famille intelligente qui s'adonnerait sérieusement à l'éducation de celle-ci, ne manquerait-elle pas d'améliorer rapidement sa position.

On trouve des boutures de Nopal à raison de 10 à 15 fr. le mille, ainsi que des cochenilles-mères (Coccus domestica) au Jardin d'Essai, à Alger. Le prix de ces dernières est d'environ 15 francs le kilogramme.

Toute nopalerie doit être garantie contre les grands vents, soit par des abris naturels, tels que montagnes, collines, bois ; soit par des murs, ou, ce qui est bien plus économiques, des haies vives, faites de roseaux (arundo donax), que l'on se procure facilement partout.

La plantation de ce roseau se fait en ligne, sur une bande

de terrain profondément défoncé et large d'un mètre où à peu près. Les plants doivent être espacés, l'un de l'autre, de 25 à 30 centimètres. Ils reprennent aussi aisément que le nopal et le figuier de Barbarie, plantes auxquelles il suffit d'être recouvertes d'un peu de terre, pour prendre racine aussitôt.

Vers la fin de chaque hiver on coupe ses tiges qui, au bout de deux ou trois ans de plantation, atteignent une hauteur de 4 à 5 mètres. On emploie celles-ci, à divers usages, notamment à la fabrication des paniers, cages et nasses, ou bien à la construction des gourbis et hangars, à la confection des palissades et des portes de jardin, soit encore comme supports, échalas, lattes, etc..

On peut créer aussi d'excellents abris avec le cyprès, mais la lente végétation de cet arbre ne permet pas d'affecter celui-ci à cette destination, à moins que l'on ait le temps d'attendre une dizaine d'années, ce qui n'est pas toujours possible.

Horticulture.

Les arbres ou arbustes qu'on rencontre le plus communément dans nos vergers du nord de l'Afrique sont : les pommiers, poiriers, abricotiers, pêchers, pruniers, orangers, citronniers, néfliers du Japon, grenadiers, figuiers, la vigne, les mûriers, jujubiers et noyers. Les cerisiers et les groseilliers y sont rares. La banane et la goyave ne se trouvent que dans le voisinage du littoral.

Les arbres fruitiers de la Métropole ne prospèrent au-delà de la Méditerranée qu'à la condition de ne pas manquer d'eau pendant l'été. Il faudra donc irriguer si le sous-sol n'est pas frais.

Dans le sud le caféier, l'arbre à thé, l'ananas, etc., réussiraient, sans doute, avec quelques soins, mais jusqu'ici, on ne s'est pas beaucoup occupé de leur acclimatation.

Les bonnes pépinières étant rares dans l'intérieur, nous sommes persuadé que de vrais horticulteurs qui en créeraient feraient d'excellentes affaires, tout en rendant service au pays.

En attendant que la colonie én soit suffisamment pourvue, l'émigrant devra, une fois installé, semer des pépins de coings, de pommes et de poires, planter des noyaux de pêches, d'abricots, de prunes, de cerises et des amandes apportés de France par lui, ainsi que de jeunes oliviers, grenadiers, etc., qu'il trouvera chez les indigènes, afin de n'avoir plus qu'à greffer les sauvageons ou plants ainsi obtenus, dès qu'ils auront atteint des dimensions suffisantes. Par ce moyen, il évitera les frais de transport, les pertes d'arbres que ce dernier, quelquefois très long, occasionne et réalisera de cette manière de grandes économies.

Il aura, en outre, cette satisfaction d'avoir été l'unique créateur de son verger.

Plantes potagères.

Tous nos légumes de France viennent bien en Algérie avec des arrosages. Ils peuvent se passer de ceux-ci quand ils sont semés ou plantés avant la saison pluvieuse.

Les melons, les pastèques, les courges, les concombres, les aubergines, etc., y sont de qualité supérieure. Les choux-fleurs et autres, la tomate, les oignons (il y en a du poids d'un kilogramme) les raves, les navets, carottes, asperges, poireaux, céleris, panais, salsifis, salades, etc., y réussissent ; mais ainsi que nous venons de le dire, ilsdemandent des arrosages.

Basse-cour.

La volaille et les lapins s'élèvent aussi bien sur nos côtes africaines qu'en Provence. Les dindes seules sont sujettes à certaines maladies dont on les préserve aisément en les garantissant de l'humidité et de la trop grande chaleur, au moyen d'un perchoir suffisamment abrité. La pintade, le paon se trouvent dans toutes les fermes. Le faisan, que nous n'avons pas encore, s'acclimaterait d'autant mieux que la contrée d'où on le prétend originaire présente les mêmes avantages climatériques que notre colonie.

On commence à se préoccuper sérieusement aussi de la domestication de l'Autruche qui, dans les possessions anglaises du Cap, donne de beaux résultats et ne pourrait manquer d'en donner également chez nous.

Hygiène.

En Algérie comme partout, il faut éviter les imprudences pour se maintenir en bonne santé. Avec certaines précautions, on y parvient presque toujours.

L'immigrant, pour échapper à ces refroidissements subits, causes de tant de fluxions de poitrine dans les pays chauds, devra autant que possible faire usage de gilets de flanelle ou de tricot de coton. La toile faisant l'effet d'une glace lorsque le corps est en transpiration, les chemises seront toujours faites de ce dernier tissu, si l'on ne porte rien dessous. Les pantalons eux-mêmes, à moins qu'on ait la bonne habitude d'avoir des caleçons, seront en drap léger ou bien en coton. Une ceinture de laine, faisant plusieurs fois le tour des reins, sera le complément obligé de ce costume hygiénique. En fait de coiffure, un chapeau de feutre mou, à haute forme et à larges bords, est celui qui garantit le mieux des insolations.

On empêchera les enfants de sortir par la grande chaleur et on veillera à ce qu'ils aient toujours, en été, un chapeau de paille recouvert d'un couvre-nuque blanc ou d'un mouchoir de cette couleur pour les soustraire aux coups de soleil.

Les travailleurs les plus robustes, dans notre possession, sont les plus sobres. Plus on boit, en effet, plus on transpire et plus le corps s'affaiblit. De l'eau coupée avec du café, du vinaigre ou du vin, est la meilleure boisson qu'on puisse prendre entre les repas pour étancher sa soif. Il est toujours prudent de filtrer ou, au moins, de passer à travers un linge, l'eau qu'on va puiser au ruisseau ou à la fontaine par la raison qu'il s'y trouve, parfois, des sangsues pour ainsi dire invisibles et qui ne laissent pas que de causer, quand on en avale, des désordres assez graves dans l'organisme, principalement chez les enfants. Le cresson en recèle souvent ; aussi ne saurait-on apporter trop de soins à sa préparation.

Une nourriture substantielle est indispensable au colon, durant l'été notamment, car transpirant beaucoup, il lui faut réparer ses forces qui diminuent en raison directe de la sueur qu'il perd. Le matin avant de se rendre à son travail, il prendra un bol de café noir dans lequel il aura fait tremper du pain, ou encore une bonne soupe légèrement épicée. Il boira du vin en mangeant. S'il en manque, il pourra y suppléer en partie, en faisant usage d'une piquette très agréable et dont font grand cas bon nombre de petits cultivateurs algériens. En voici la recette :

Eau........................... 100 litres
Figues sèches................. 4 kil.
Raisins secs.................. 3 kil.

On coupe les figues en morceaux et on introduit le tout dans un tonneau par le trou de la bonde. La fermentation s'établit et, après trois jours en été, cinq ou six en hiver, elle est à peu près terminée si on a remué le récipient plusieurs fois au début. On soutire alors et l'on met en bouteille si faire se peut. Dans ce cas, la boisson se bonifie promptement, devient pétillante, légèrement aigrelette et constitue une excellente piquette qui ne revient pas à plus de quatre à cinq centimes le litre. La datte remplace avantageusement la figue : elle est un peu plus chère, mais il en faut moins. Certaines personnes ajoutent un citron ou deux partagés en quatre et des feuilles de coquelicot ou une décoction d'orseille, pour lui donner l'apparence du vrai jus de la treille.

On peut se servir aussi des gousses sèches de la caroube pour le même objet, et l'on obtient alors une boisson plus économique encore. Avec du chiendent, de l'orge ordinaire et du bois de réglisse, on se procure également un très bon breuvage qui coupe parfaitement la soif. Il est nécessaire, comme pour les précédents, de laisser la fermentation s'accomplir.

L'absinthe, l'anisette d'Espagne et les amers sont des liqueurs excessivement nuisibles, dont l'usage pernicieux devrait être sinon proscrit, du moins limité en Afrique. Il faut s'en abstenir, car on s'y habitue insensiblement, on y prend goût et l'on finit par ne plus pouvoir s'en passer. On en boit alors à toutes occasions, on augmente la dose et bientôt des troubles graves, par fois irréparables, affectent le système nerveux et l'intelligence. Combien en avons-nous vu de ces natures d'élite qui, par suite de ces funestes habitudes, en sont arrivées à l'idiotisme ou à l'épilepsie et qui, certes, auraient échappé à ces terribles maladies si elles eussent connu les dangers de l'alcoolisme ! Ainsi donc, qu'on boive du vin, de la bière, du café, agrémenté, si l'on veut, du classique petit verre de cognac, mais jamais de liqueurs fortes en Algérie, durant la période des grandes chaleurs surtout.

La nuit, si l'on est forcé de sortir, qu'on se couvre bien, car les soirées sont fraîches et plus encore les heures qui précèdent le lever du soleil.

Dans les habitations on doit, quand on a chaud, éviter les courants d'air si agréables en été, mais qui déterminent, sans que l'on s'en doute, la plupart de ces affections de poitrine et de ces maux d'yeux auxquels succombent ou dont souffrent tant de colons imprudents.

Lorsque le siroco souffle, il faut tenir portes et fenêtres closes et arroser l'intérieur de la maison pour y entretenir un peu de fraîcheur.

Les fièvres ont disparu en grande partie avec le dessèchement des principaux lacs, étangs et marais. Toutefois comme on peut en être atteint à un moment donné, il est bon d'avoir de la quinine chez soi pour s'en administrer le cas échéant. Les enfants étant plus exposés que les grandes personnes à ses atteintes, on devra leur faire boire chaque matin, à leur lever, un petit verre de vin de quinquina qu'on préparera à la maison pour l'avoir de bonne qualité et à bon compte. On achètera donc chez le pharmacien cinq onces, par exemple, d'écorce de quinquina gris que l'on réduira en poudre et fera infuser pendant deux ou trois jours dans un demi-litre de bonne eau-de-vie qu'on agitera de temps à autre et l'on décantera ensuite. Avec cet extrait, on fera sept à huit litres de vin de quinquina. On pourra tirer parti du marc en remplissant de vin la bouteille qui le contient et laissant à cette nouvelle infusion le temps de se faire.

Souvent, de juillet à fin septembre, la dentition des jeunes enfants est très laborieuse et provoque ce qu'on appelle des convulsions. Pour prévenir ces crises, il suffit ordinairement de continuer l'allaitement jusqu'en hiver, de faire prendre au nourrisson quelques bains et d'entretenir son corps libre par une nourriture légère, rafraîchissante, appropriée à son âge et à son tempérament. Si par hasard, malgré ces précautions, une attaque venait à se produire, il faudrait, sans perdre de temps, faire prendre à l'enfant une ou deux cuillerées à café d'eau de fleur d'oranger double ; on lui en ferait avaler une troisième, une quatrième même, si la première dose ne suffisait pas. Le plus communément, la crise cesse alors ; si elle continuait, il faudrait appliquer aux plantes des pieds, après l'avoir fait tremper un instant, dans une assiette pleine d'eau, du côté préparé, une feuille de sinapismes secs (feuille sinapisée) qu'on doit toujours avoir en réserve dans chaque famille. Lorsque le petit malade reprend connaissance, on se hâte de les lui enlever et on lui fait boire à nouveau de l'eau de fleur d'oranger, mais cette fois additionnée d'eau sucrée. Un bain tiède ensuite le remettra complètement.

Les nourrices françaises, celles du Nord particulièrement, conservent leur lait moins longtemps en Algérie qu'en France. Aussi celles qui voient approcher le terme prématuré de leur allaitement, doivent-elles, dans l'intérêt de leurs nourrissons, se procurer de bonnes chèvres laitières qui puissent continuer leur office ; on habitue facilement les chèvres à se laisser têter par un enfant. Ce mode d'allaitement est préférable au biberon.

Bien que les reptiles et insectes venimeux ne soient pas nombreux dans la zone de colonisation, il est toujours sage d'avoir par devers soi, un peu de nitrate d'argent pour se cautériser en cas de nécessité. On aura aussi dans sa petite pharmacie un vomitif tout prêt pour que dans un cas de croup ou d'empoisonnement quelconque, on puisse s'en servir immédiatement.

Les champignons sont trompeurs; les meilleurs en apparence peuvent être vénéneux. Cependant, malgré la grande consommation qui s'en fait dans la colonie, nous n'avons jamais entendu parler d'accidents graves survenus chez des Européens.

On prétend que les escargots qu'on trouve sur le bord des rivières, dans les bouquets de lauriers-roses, renferment un poison assez actif. Nous l'ignorons, mais il nous est arrivé d'éprouver de fortes douleurs d'entrailles à la suite d'un repas où l'on avait fait figurer des escargots ramassés dans ces conditions. La prudence conseille donc de s'abstenir de ceux-ci.

Programme de Colonisation

Chaque année l'administration algérienne affecte un certain nombre de lots de terres à la colonisation.

Pour l'année 1881 elle a décidé de donner 1197 lots qui se divisent en :

997 lots de village, 132 lots industriels et 68 lots de ferme se répartissant ainsi :

DÉPARTEMENT D'ALGER

Lots de village..........................	388
— industriels.........................	65
— de ferme...........................	27
Total...........	480

DÉPARTEMENT D'ORAN.

Lots de village......................... 232
— industriels........................ 45
                                   ___
                        Total. 267

DÉPARTEMENT DE CONSTANTINE.

Lots de village........................ 387
— industriels. 22
— de forme........................... 41
                                   ___
                        Total. 450

Le gouvernement publie tous les ans la liste nominative des centres en voie de peuplement, et fournit sur chacun d'eux des indications utiles au point de vue de leur situation, de leur topographie et de leur degré de salubrité. Il fait connaître aussi la nature du sol et les cultures qui lui conviennent (1).

Demandes de concessions.

Les demandes de concessions doivent être formulées sur papier timbré de soixante centimes et accompagnées d'une feuille spéciale de renseignements et de soumissions, établie en double expédition. Le tout doit être adressé au

(1) Les personnes qui voudraient une copie ou duplicata de la liste des villages en création où en voie de peuplement, avec notice sur chacun d'eux, ainsi que des feuilles spéciales de re seignements et de soumission, peuvent s'adresser à nous.

Nous sommes également à leur disposition pour tout renseignement qu'ils croiront devoir nous demander.

Gouverneur général. Les demandeurs qui réunissent les conditions exigées et qui sont définitivement admis comme attributaires, reçoivent un titre provisoire de concession qui leur donne·droit :

1° En chemin de fer,

Au transport à demi-tarif en troisième classe pour les membres de la famille indiquée sur le titre, et au transport gratuit de 100 kilogrammes de bagages·par personne ;

2° Sur les paquebots de la Compagnie Transatlantique, partant de Marseille ou de Port-Vendres.

Au transport gratuit en troisième classe des personnes de la famille indiquée sur le titre ;

Au transport gratuit de 75 kilg. de bagages par personne ;
Enfin, à une réduction de 50 o[o sur le prix des tarifs administratifs, pour le transport de leur matériel agricole et de leur cheptel, à la condition que le nombre des animaux ne soit pas supérieur à trois, quelle que soit la race.

Marche des Courriers entre la France et l'Algérie.

Départs de Marseille pour	Alger........	les mardis et samedis à 5 h. du s.
	Oran........	les mercredis à 5 h. du s.
	Philippeville.	les lundis et jeudis à 5 h. du s.
	Bône........	les mardis et vendredis à 5 h. du s.

Départs de Port-Vendres pour	Alger....	les jeudis à 10 h. du soir.
	Oran	les dimanches à 10 h. du soir.

Prix approximatifs des salaires.

	Par jour sans nourriture.
Terrassiers européens.....................	3 à 4 fr.
— indigènes.....................	2 à 3
Maçons, tailleurs de pierres, plâtriers.......	6 à 7
Charpentiers...............................	6 à 7
Menuisiers, peintres, ébénistes............	5 à 6
Charretiers, scieurs de long................	6 à 7
Charrons, maréchaux ferrants, serruriers, mécaniciens	6 à 7
Laboureurs, faucheurs, jardiniers, etc......	4 à 5
Typographes	6 à 7
Ferblantiers..............................	6 à 7
Tuiliers, potiers..........................	4 à 6
Bergers arabes............................	1 à 2

	Par mois sans nourriture.
Employés de commerce ordinaires..........	100 à 250
— de chemins de fer, clercs ordinaires.....................	125 à 200

Prix des denrées alimentaires.

	le kil.
Pain 1re qualité...........................	0.45
— 2e —	0.40
Viande de bœuf...........................	1. à 1.60
— de veau...........................	1.80 à 2.40
Mouton...................................	1. à 1.40
Agneau	1.40 à 2
Bouc.....................................	0.80 à 1.20
Porc	1.20 à 1.50
Sanglier..................................	1.00 à 1.40

	la paire.
Dindes...................................	16.00 à 24
Oies.....................................	8.00 à 12

	la paire.
Poulets français....................	5.00 à 8
— arabes....................	1.50 à 3
Canards....................	4.00 à 5.
Pigeons....................	1.50 à 2
Pintades....................	8.00 à 12

	le kilog.
Beurre du pays....................	2.50 à 3
Beurre de France....................	3.60 à 4

	le litre.
Lait....................	0.25 à 0.40

	la douzaine.
Œufs....................	0.50 à 1
Lapins domestiques....................	2.50 à 5 l'un.
Lièvre....................	2.00 à 4
Perdrix....................	0.60 à 1
Lapin de garenne....................	1.25 à 2
Canard sauvage....................	1.25 à 1.50
Sarcelle, vanneau, pluvier, bécassine......	0.60 à 0.75
Bécasse....................	1.50 à 3
Rale, caille, merle, grive....................	0.30 à 0.40
Poule de Carthage....................	2. à 3
Oie sauvage....................	4. à 5
Porc épic....................	3. à 5

	l'hectolitre.
Vin ordinaire de France....................	45 à 50 fr.
— — d'Espagne, d'Italie............	40 à 45
— — d'Algérie....................	40 à 50
Bière d'Algérie....................	20 à 30

La droguerie, l'épicerie, etc., se vendent à peu de chose près, les mêmes prix qu'en France.

Le bois à brûler vaut de 1 fr. 50 à 5 francs le quintal et le charbon de bois de 4 à 8 francs, suivant qu'on se trouve plus ou moins éloigné des forêts. Le charbon de terre se paie de 45 à 60 francs la tonne, selon la distance qui vous sépare d'un port de mer. Il en est de même pour tout ce qui arrive du dehors par voie maritime, comme bois de construction, de menuiserie, ciments, chaux hydraulique, etc.

Les bœufs de labours arabes valent en moyenne 300 fr. la paire, les bœufs français (croisés) 4 à 500.

Le cheval indigène ordinaire de quatre à cinq ans, ne dépasse guère le prix de 250 à 500 fr., le mulet celui de 200 à 400 fr., l'âne de 60 à 80 fr.

Les beaux moutons arabes sont vendus au printemps, c'est-à-dire au moment où ils sont le plus chers, de 20 à 30 francs l'un, la brebis et son agneau de 12 à 25 fr., la chèvre et son chevreau, de 10 à 20 fr.

Le porc se vend, sur pied, à raison de 70 à 80 fr. les 100 kilogrammes.

Une ruche, en liège, renfermant un essaim, se paie de 5 à 10 fr.

La journée d'un cheval est de 5 fr., celle d'un mulet arabe, de 2 à 3 fr.

Les transports par chameaux et par charrettes se traitent de gré à gré. L'été, avant le battage et pendant l'hiver, ils ne sont pas chers. Dans chaque ville, il y a ordinairement des industriels, connus sous le nom de Bechamars, qui se chargent de procurer des bêtes de louage. Il y a aussi des entrepreneurs de roulage qui transportent des marchandises, etc., dans tous les centres desservis par de bonnes routes moyennant un prix quelquefois moindre qu'en France.

Quand l'immigrant donne à bail une partie de sa propriété, il doit toujours se réserver, à titre de faisance, outre quelques paires de volailles, beurre, œufs, lait, agneaux ou chevreaux, un certain nombre de journées de mulet, afin de pouvoir les utiler à l'occasion.

Le prix de location des terres est très variable : il dépend de la situation et de la fertilité de celles-ci et surtout, chez les Arabes, du plus ou moins d'abondance des années précédentes. Les bons terrains non irrigables, se louent de 20 à 50 fr. l'hectare, selon leur éloignement plus ou moins grand des marchés et des routes. Ceux qu'on peut irriguer régulièrement, sont bien plus chers, attendu que leur produit est double, triple même.

Les terres médiocres, situées en pays accidenté et dont une partie ne convient que pour le pacage, ne trouvent preneurs qu'au prix de 10 à 15 fr. l'hectare. •

On trouvera, ci-après, le décret du 30 septembre 1878, relatif aux concessions de terres domaniales en Algérie.

CH. LECUYER.

DÉCRET du 30 septembre 1878

RELATIF

Aux concessions de terres domaniales en Algérie

LE PRÉSIDENT DE LA RÉPUBLIQUE FRANÇAISE,

Sur le rapport du Ministre de l'intérieur et du Ministre des Finances, d'après les propositions du Gouverneur général civil de l'Algérie ;

Vu le décret du 15 juillet 1874, sur les concessions de terres en Algérie;

Le Conseil d'Etat entendu :

DÉCRÈTE :

Art. 1er. — Les terres domaniales comprises dans le périmètre d'un centre de population et affectées au service de la colonisation sont divisées en lots de villages et en lots de fermes. Le lotissement varie suivant les conditions du sol, sans toutefois que la contenance totale d'un lot de village puisse excéder quarante hectares et celle d'un lot de ferme cent hectares.

Les terres impropres à la culture, qui ne sauraient être utilement comprises dans le périmètre d'un groupe de population, peuvent être allotіes en lots d'une étendue plus considérable, eu égard aux industries spéciales qui pourraient y être installées.

TITRE PREMIER

De la concession de terres sous condition suspensive.

Art. 2. — Le Gouverneur général est autorisé à concéder les terres alloties dans les conditions prescrites par le paragraphe 1er de l'article. 1er aux Français d'origine européenne et aux Européens naturalisés ou en instance de naturalisation qui justifient, pour les lots de village, de ressources jugées par lui suffisantes et, pour les lots de fermes, d'un capital disponible représentant 150 francs par hectare.

Le Gouverneur général peut déléguer au Préfet ou au Général commandant la division, suivant le territoire, les droits qui lui sont attribués par le paragraphe précédent.

La concession est gratuite.

Elle attribue au concessionnaire la propriété de l'immeuble, sous la condition suspensive de l'accomplissement des clauses ci-après déterminées. Le concessionnaire jouira immédiatement de l'immeuble et de ses fruits sans répétition au cas de déchéance.

Art. 3. — Les demandeurs s'engagent à transporter leur domicile et à résider sur la terre concédée avec leur famille, d'une manière effective et permanente, pendant les cinq années qui suivront la concession.

Ils doivent, en outre, déclarer qu'ils ne sont et qu'ils n'ont été ni locataires, ni concessionnaires, ni adjudicataires de terres domaniales à aucun des titres prévus par les décrets des 16 octobre 1871, 10 octobre 1872 et 15 juillet 1875, ou par le present décret.

Art. 4. — Peuvent être dispensés de la résidence, mais seulement pour les lots de fermes, les demandeurs qui s'obligent : 1° à installer et maintenir, pendant les cinq années qui suivront la concession, une ou plusieurs familles de Français d'origine européenne ou d'Européens naturalisés ou en instance de naturalisation, à raison d'un adulte au moins par vingt hectares; 2° à employer en améliorations utiles et permanentes une somme représentant une dépense moyenne de 150 fr. par hectare, dont le tiers au moins affecté à construire des bâtiments d'habitation et d'exploitation.

Art. 5. — Un procès-verbal contradictoire constate la mise en possession du concessionnaire à condition de résidence.

Dans le cas prévu par l'article 4, il est procédé dans la même forme à la constatation : 1° de l'état exact de la terre au moment de la mise en possession du concessionnaire; 2° de l'installation des familles.

Art. 6. — A titre de récompense pour des services exceptionnels et dûment constatés, les indigènes naturalisés ou non peuvent être admis comme concessionnaires, sous condition de résidence, sans que le lot qui leur serait attribué puisse excéder trente hectares, quelle qu'en soit la destination.

Les concessions sont consenties par le Gouverneur général, le Conseil de Gouvernement entendu, sous les conditions déterminées aux articles 2, 3 et 5 ci-dessus.

Art. 7. — Des terres domaniales peuvent être mises à la disposition temporaire des sociétés ou des particuliers qui prendraient l'engagement : 1° de peupler un ou plusieurs villages en assurant l'installation particulière des familles destinées à former le peuplement; 2° de transmettre gratuitement lesdites terres à ces familles, dans le délai de deux ans, aux conditions prescrites par les articles 3 et 5, et par lots limités, comme il a été dit à l'article 1ᵉʳ, sans que ces sociétés ou particuliers puissent jamais devenir propriétaires des terres qui leur ont été remises à charge de transmission.

Les conventions à intervenir entre l'Etat et les sociétés ou particuliers sont approuvées par le Gouverneur général, le Conseil du gouvernement entendu.

Le peuplement doit être composé, pour les deux tiers, de Français immigrants, et pour un tiers, soit de Français, soit d'Européens naturalisés ou en instance de naturalisation déjà établis en Algérie.

Par exception et dans le but de favoriser l'établissement d'industries spécialement utiles, le Gouverneur général peut, le Conseil de gouvernement entendu, autoriser la substitution d'immigrants étrangers européens aux immigrants français, la composition du dernier tiers restant la même que ci-dessus.

Art. 8. — Les actes de transmission réalisés par les entreprises de peuplement, en exécution des conventions passées entre elles et l'Etat sont notifiés, suivant le territoire, au préfet ou au général commandant la division, qui les vise après s'être assuré de l'accomplissement des clauses imposées par lesdites conventions.

Ces actes tiennent lieu pour les bénéficiaires des titres de concession directement délivrés par l'Etat sous condition de résidence.

Ils sont soumis au timbre de dimension et enregistrés au droit fixe de 1 fr. 5o.

Art. 9. — Si la transmission des terres n'est pas effectuée dans le délai de deux ans, à partir du jour où la remise leur en a été faite, l'Etat reprend possession des lots non transmis.

TITRE II

De la cession des concessions avant la délivrance des titres définitifs de propriété.

Art. 10. — Les concessionnaires sous condition de résidence, établis en vertu des articles 3, 6 et 7, qui ont résidé pendant un an au moins, peuvent, aux conditions qui leur étaient imposées à eux-mêmes, céder la concession à tout Français d'origine européenne ou à tout Européen naturalisé ou en instance de naturalisation.

L'acte de cession est soumis, suivant le territoire, à l'approbation du préfet ou du général commandant la division, qui statue dans le délai de deux mois.

Si la décision du préfet ou du général commandant la division n'est pas intervenue dans le délai ci-dessus fixé, la cession est définitive.

Art. 11. — Le cessionnaire peut, à son tour, céder la concession dans les mêmes formes et aux mêmes conditions que l'attributaire primitif, sans être toutefois astreint à ne rétrocéder ses droits qu'après un an de résidence.

TITRE III

Des emprunts avant la délivrance des titres définitifs de propriété.

Art. 12. — Pendant la période de concession provisoire, les attributaires ne peuvent consentir d'hypothèque sur l'immeuble dont ils ont été mis en possession qu'au bénéfice des prêteurs qui leur fournissent des sommes destinées : 1º aux travaux de construction ou de reconstruction, de réparation ou d'agrandissement des bâtiments d'habitation ou d'exploitation; 2º à des travaux agricoles constituant des améliorations utiles et permanentes; 3º à l'acquisition d'un cheptel.

Art. 13. — L'acte d'emprunt, dressé dans la forme authentique, constate la destination des fonds empruntés. L'emploi devra en être ultérieurement établi par quittances et autres documents justificatifs.

Ledit acte d'emprunt est enregistré au droit fixe de 1 fr. 50 et transcrit sans autres frais que le salaire du Conservateur et les droits de timbre.

Il est notifié, suivant le territoire, au préfet ou au général commandant la division.

Art. 14. — En cas de vente à la requête du créancier hypothécaire qui se trouve dans les conditions exigées par les articles 12 et 13 ci-dessus, tous les enchérisseurs d'origine européenne sont admis à l'adjudication, sous l'obligation de remplir les conditions imposées au concessionnaire primitif.

Art. 15. — Si le prix de vente n'est pas absorbé par les créanciers, le concessionnaire est admis à réclamer, sur le reliquat du prix, une indemnité égale à la valeur estimative des améliorations utiles et permanentes réalisées par lui sur la terre concédée, au moyen de ses ressources personnelles. L'indemnité est fixée par un arrêté du préfet ou du général commandant la division, suivant le territoire.

Le recours, s'il y a lieu, doit être porté devant le Conseil de préfecture, dans le délai de trois mois, à partir de la notification dudit arrêté.

Le surplus du prix de vente est versé au Trésor public.

Art. 16. — Les concessionnaires qui tiennent leurs droits des actes de transmission autorisés par les articles 7 et 8, peuvent consentir hypothèque, dans les conditions du présent titre, au profit des entrepreneurs de peuplement, pour le remboursement des avances qu'ils ont reçues d'eux, soit en deniers, soit en valeurs de constructions élevées même avant la prise de possession par lesdits concessionnaires.

TITRE IV

Déchéances.

Art. 17. — Sont déchus de leurs droits :

1º Le concessionnaire direct, sous condition de résidence dans les termes de l'article 3, qui ne s'est pas fait mettre en possession dans un délai de six mois, ou qui n'a pas installé sa famille dans un délai d'un an, à partir du terme qui lui a été assigné par son acte de concession ;

2° Le concessionnaire admis, par application des articles 7 et 8, qui ne s'est pas installé avec sa famille dans un délai de six mois, à partir du terme fixé dans l'acte de transmission notifié à l'administration par l'entreprise de peuplement;

3° Le concessionnaire indigène, admis à titre de récompense exceptionnelle, qui ne s'est pas installé avec sa famille dans un délai de six mois, à partir du jour où son admission lui a été notifiée;

4° Le concessionnaire ou l'adjudicataire d'une concession à charge de résidence qui ne s'est pas installé dans un délai de trois mois à partir du jour où lui est notifiée l'autorisation de cession, ou trois mois après la date de l'adjudication;

5° Le concessionnaire, cessionnaire ou adjudicataire qui, après s'être installé sur la concession, va habiter ailleurs, ou qui, au cours de la période quinquennale de concession provisoire, s'est absenté pendant plus de six mois sans y avoir été autorisé;

6° Le concessionnaire admis en vertu et dans les termes de l'article 4, qui, dans un délai de six mois, à dater du jour où son admission lui a été notifiée, n'a pas installé les familles composant l'effectif prescrit ou qui, dans les deux ans à partir du même jour, n'a pas achevé les constructions exigées;

7° Le même concessionnaire qui, pendant six mois, laisserait incomplet l'effectif de familles prescrit par son titre;

8° L'adjudicataire d'une terre concédée avec dispense de résidence, qui se placerait dans l'un des cas prévus aux n°s 6 et 7;

9° Le concessionnaire, cessionnaire ou adjudicataire admis comme étant en instance de naturalisation, et dont la demande aurait été rejetée ou qui s'en serait désisté;

10° Le concessionnaire, cessionnaire ou adjudicataire admis sur sa déclaration qu'il n'est et n'a pas été détenteur de terres domaniales dans les conditions énoncées à l'article 3, § 2, et dont la déclaration serait reconnue mensongère.

Art. 18. — La déchéance est prononcée par le préfet ou le général commandant la division, suivant le territoire.

L'arrêté de déchéance est notifié administrativement à l'attributaire en son domicile ou, si ce domicile n'est pas connu, à la mairie de la situation des biens.

Il est transcrit gratis.

Art. 19. — Si les conditions imposées par l'acte de concession n'ont reçu aucun commencement d'exécution, l'attributaire peut, dans un délai de trente jours, à partir de la notification, former opposition à l'arrêté de déchéance devant le Conseil de Préfecture.

Art. 20. — S'il y a eu commencement d'exécution, l'arrêté de déchéance est précédé d'une mise en demeure adressée à l'attributaire par acte administratif, notifié comme il est dit à l'article précédent, d'avoir à se conformer aux clauses du contrat dans un délai de trois mois.

Ce délai expiré et faute par l'attributaire d'avoir produit les justifications nécessaires, le préfet ou le général commandant la division, suivant le territoire, prononce la déchéance qui est notifiée comme ci-dessus.

L'attributaire et tous intéressés peuvent, dans un délai de trente jours, à partir de ladite notification, former opposition à l'arrêté de déchéance devant le Conseil de préfecture.

Si l'arrêté est confirmé et que néanmoins des améliorations utiles et permanentes aient été réalisées par l'attributaire, le Conseil de préfecture en fixe le montant et prescrit la vente aux enchères publiques; à la date par lui fixée, aux clauses et conditions imposées au concessionnaire primitif.

L'attributaire déchu reste en possession jusqu'au jour de la vente.

L'adjudication a lieu par voie administrative. Sont admis à y concourir tous enchérisseurs d'origine européenne. à l'exclusion de l'attributaire déchu et des individus déjà attributaires de terres domaniales.

Le prix de l'adjudication, sous déduction des frais et compensation faites des charges, s'il y a lieu, est dévolu à l'attributaire déchu ou à ses ayant causes jusqu'à concurrence du montant des améliorations réalisées par lui. En cas d'insuffisance, le concessionnaire déchu ne peut réclamer aucune indemnité.

Le surplus, s'il y en a, est versé au Trésor public.

Art. 21. — Si le concessionnaire contre lequel la déchéance est prononcée, a hypothéqué dans les conditions énoncées au titre III l'immeuble à lui concédé, l'arrêté de déchéance est notifié au prêteur, qui a un délai de trois mois, à partir du jour de ladite notification, pour requérir la vente dudit immeuble.

L'adjudication a lieu dans les formes et conditions prescrites à l'article précédent.

Le prêteur exerce sur le prix les droits de préférence résultant de l'hypothèque consentie à son profit, sans que l'Etat puisse se prévaloir de la cause de résolution qui résulterait, aux termes de l'article 2125 du Code civil, de la déchéance prononcée contre l'emprunteur.

TITRE V

De la délivrance du titre définitif de propriété

Art. 22. — A l'expiration de la période quinquennale qui suit la concession provisoire, le concessionnaire à charge de résidence ou son ayant cause régulièrement investi, adresse, suivant le territoire, au préfet ou au général commandant la division, une demande en délivrance du titre définitif de propriété.

Le concessionnaire dispensé de la résidence, en vertu de l'article 4, joint à l'appui de sa demande, l'état descriptif de la situation actuelle de la terre concédée, et le compte des travaux exécutés.

Un récépissé de la demande et des pièces qui y sont jointes, s'il y a lieu, est délivré au demandeur par le Secrétariat général de la Préfecture ou par le bureau civil de la division.

Art. 23. — Dans les deux mois de la date du récépissé, le Préfet ou le Général commandant la division, remet au demandeur le titre définitif de propriété ou lui notifie un arrêté du Préfet ou du Général commandant la division, suivant le territoire, prononçant le rejet de sa demande pour cause d'inexécution des conditions imposées.

Dans ce dernier cas, le demandeur peut, dans le délai de trente jours, à partir de la notification qui lui est faite, former opposition devant le Conseil de Préfecture.

Si l'arrêté est confirmé, et si néanmoins le Conseil de Préfecture reconnaît une plus-value donnée à la terre par le concessionnaire, le Conseil de Préfecture détermine la portion de terre qui est attribuée au concessionnaire en représentation de la plus value constatée, le surplus faisant retour à l'Etat, franc et libre de toutes charges, où il fixe l'indemnité due au concessionnaire et il ordonne la mise en vente du lot dans les formes prescrites par le paragraphe 6 de l'article 20. Le concessionnaire peut toujours requérir la vente aux enchères de l'entière propriété; il reste en possession jusqu'au jour de l'adjudication.

Si le concessionnaire a hypothéqué l'immeuble dans les conditions du titre III, il est procédé comme il a été dit à l'article 21.

Art. 24. — A défaut de notification de l'arrêté de rejet dans le délai de deux mois, fixé par le paragraphe 1er de l'article précédent, la propriété définitive des terres concédées appartient au demandeur.

TITRE VI

De la faculté d'obtenir le titre définitif de propriété avant l'expiration du délai de cinq ans.

Art. 25. — Après trois ans de résidence, le concessionnaire astreint à la résidence, a la faculté de réclamer le titre définitif de propriété en justifiant d'une dépense moyenne de 100 francs par hectare, réalisée en améliorations utiles et permanentes, dont un tiers au moins, en bâtiments d'habitation ou d'exploitation agricole. Le concessionnaire qui tient ces droits d'une entreprise de peuplement doit, en outre, justifier qu'il est complètement libéré envers ladite entreprise.

La même faculté appartient au bout de trois ans, au concessionnaire dispensé de la résidence, qui justifie de l'accomplissement de toutes les obligations qui lui étaient imposées.

Dans les deux cas, il est procédé et statué conformément aux dispositions des deux premiers paragraphes de l'article 23.

TITRE VII

De l'aliénation des terres domaniales par la voie de la vente.

Art. 26. — Le Gouverneur général est autorisé à prescrire, par arrêtés rendus en Conseil de Gouvernement, la vente aux enchères publiques :

1· De lots de fermes situés dans les lieux qui ne peuvent se prêter à la formation d'un village.

2. Des terres qui, dans leur état actuel, ne peuvent être utilisées qu'au pacage.

Les arrêtés déterminent les conditions de la vente et la contenance des lots.

Toutefois, l'étendue des lots de fermes est limitée aux maxima prescrits par l'article 1er; celle des lots de terre impropres à la culture peut être fixée sans maximum, en raison de l'usage auquel elles peuvent être affectées.

Tous les enchérisseurs d'origine européenne sont admis à l'adjudication.

Art. 27. — Le Gouverneur général peut également, le Conseil de Gouvernement entendu, ordonner la vente, soit aux enchères, soit de gré à gré, aux conditions qu'il détermine, et sans conditions d'origine pour les acquéreurs, des lots dits industriels à former dans les centres de population.

TITRE VIII.

De l'interdiction temporaire de vendre aux indigènes non naturalisés les terres d'origine domaniale.

Art. 28. — Il est interdit à tout individu devenu propriétaire d'une terre d'origine domaniale, par l'un des moyens énoncés au présent décret, à l'exception du cas prévu par l'art. 27, de la vendre ou céder, sous quelque forme que ce soit, aux indigènes non naturalisés, pendant une période de vingt ans, si elle provient de lots de ferme, et de dix ans, si elle provient de lots de village.

Ces délais partent du jour de la concession définitive indiqué sur le titre de propriété.

Art. 29. — Les ventes faites dans les délais fixés par l'article précédent, aux indigènes non naturalisés, sont nulles et de nul effet. Les terres qui en auraient fait l'objet sont reprises entre les mains des acquéreurs, à la diligence de l'Administration du Domaine, et font retour à l'État, sauf pour les créanciers hypothécaires, le droit de requérir la vente de la terre dans les formes et les conditions énoncées à l'article 21.

L'action du Domaine ne peut s'exercer après l'expiration des délais de dix ans et de vingt ans, ci-dessus fixés.

TITRE IX

Dispositions générales

Art. 30. — Pendant dix ans, à partir du jour de la concession, les terres qui en ont fait l'objet sont exemptes de tous impôts qui pourraient être établis sur la propriété immobilière.

Art. 31. — Lorsque le concessionnaire décède avant l'expiration de la période de concession provisoire, ladite concession est transmise à ses héritiers, si ceux-ci ci le requièrent, et remplissent, d'ailleurs, les conditions imposées à leur auteur.

Les héritiers ont le droit de renoncer à la concession. En ce cas, si des améliorations utiles et permanentes ont été réalisées sur le lot, ils sont admis à requérir la vente aux enchères publiques de la concession dans les conditions de l'article 20.

Faute par eux d'avoir usé, dans le délai d'un an, à partir du décès de leur auteur, de l'un ou de l'autre des droits qui leur sont attribués par le présent article, le lot fait retour au Domaine.

Si, dans le cas prévu par le § 3 du présent article, le concessionnaire a hypothéqué l'immeuble dans les conditions du titre III, le prêteur sera informé administrativement que les héritiers ont laissé écouler le délai d'un an, à partir du décès de leur auteur, sans user de leurs droits : à partir de cette notification, il aura un délai de trois mois pour requérir la vente de l'immeuble dans les conditions et les formes indiquées à l'article 21.

Si le défunt tenait ses droits d'une entreprise de peuplement, les héritiers ne peuvent requérir la vente aux enchères qu'après avoir justifié du remboursement à l'entreprise de toutes avances faites par celle-ci à leur auteur.

Art. 32. — Les attributaires de terres domaniales dans les conditions déterminées par le décret du 16 octobre 1871 ou par les décrets postérieurs sont admis, s'ils le requièrent, au bénéfice du présent décret, et obtiennent la substitution à leur titre de bail d'un titre de concession provisoire; le temps de résidence qu'ils ont accompli comme locataires sous promesse de vente est déduit du délai qui leur serait imposé comme concessionnaires à titre provisoire pour obtenir le titre définitif de propriété. Dans le cas où ils auraient usé de la faculté de transfert de leur bail à titre de garantie, leur demande doit être accompagnée de la quittance régulière des emprunts contractés ou du consentement des prêteurs bénéficiaires du transfert.

Art. 33. — Les dispositions de l'article précédent ne sont pas applicables aux conventions antérieurement passées avec les sociétés et entreprises de peuplement ou de construction. Celles de ces conventions qui sont en cours d'exécution continuent à recevoir effet suivant leur teneur.

Art. 34. — Les titres, tant provisoires que définitifs de concessions consenties en vertu des titres Ier, V et VI du présent décret, ainsi que les actes de cession et d'adjudication dans les cas prévus aux titres II, III et IV, sont visés pour timbre et enregistrés gratis.

Ils sont transcrits sans autres frais que le salaire du Conservateur et les droits de timbre, le tout à la diligence de l'Administration de l'Enregistrement et des Domaines, mais aux frais du titulaire, qui doit déposer préalablement la somme présumée nécessaire entre les mains du receveur de l'enregistrement de la situation des biens.

Art. 35. — En cas de déchéance du concessionnaire au cours de la période de concession provisoire, ou s'il n'obtient pas la propriété définitive, la terre concédée fait retour au Domaine, libre et franche de tout recours de la part du concessionnaire ou de ses ayant cause, à quelque titre que ce soit, sauf en ce qui concerne les hypothèques qui auraient été consenties dans les conditions du titre III, les effets déterminés par les articles 21, 23 § 4, et 31 § 4.

Toute hypothèque qui aurait été consentie par le concessionnaire en dehors des conditions et des formes énoncées aux dits articles, est radiée à la requête de l'administration des Domaines, sur le vu, dans le premier cas, de l'arrêté de déchéance et d'une déclaration du préfet, ou, suivant le territoire, du général commandant la division, constatant que ledit arrêté est devenu définitif, et, dans le second cas, sur le vu d'une déclaration des mêmes autorités, constatant le rejet définitif de la demande en délivrance du titre de propriété.

Si les hypothèques ont été consenties par application des articles 12 et 13, la radiation ne sera opérée qu'après l'expiration du délai fixé par l'article 21.

Art. 36. — Le *Journal officiel de l'Algérie* publie, chaque trimestre, l'état nominatif des personnes admises comme attributaires de terres

— 63 —

domaniales dans les diverses conditions du présent décret, ainsi que la désignation des lots affectés à chacune d'elles.

Art. 37. — Est abrogé le décret du 15 juillet 1874, en ce qu'il a de contraire au présent décret.

Art. 38. — Les Ministres de l'Intérieur et des Finances, et le Gouverneur général civil de l'Algérie sont chargés de l'exécution du présent décret.

Paris, le 30 septembre 1878.

Maréchal DE MAC-MAHON,
Duc de Magenta.

Par le Président de la République,
Le Ministre de l'Intérieur,
E. DE MARCÈRE.

Le Ministre des Finances,
LÉON SAY.

Nota. — Les émigrants qui aimeraient mieux acheter ou louer des propriétés toutes faites, c'est-à-dire déjà bâties, cultivées et plantées, que de solliciter des concessions, peuvent avoir recours à notre intermédiaire. Nos relations avec l'Algérie, que nous connaissons depuis longues années, sont assez étendues pour qu'il nous soit facile de guider utilement les acquéreurs et de les faire profiter des bonnes occasions qui se présentent souvent.

Nous procurons aussi, à toute personne qui nous en fait la demande, des ouvrages spéciaux sur notre colonie, tels que Traités d'Agriculture, de Viticulture, d'Arboriculture, de Sériciculture, d'Apiculture, etc., ainsi que des Cartes récentes indiquant l'emplacement de tous les centres.

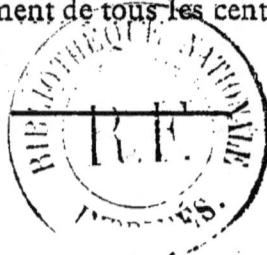

TABLE DES MATIÈRES

Paris. — Alcan-Lévy, imp. breveté, 61, rue de Lafayette.

82.

CARTE DE L'ALGÉRIE INDIQUANT LES CENTRES DE COLONISATION EN CRÉATION EN 1881

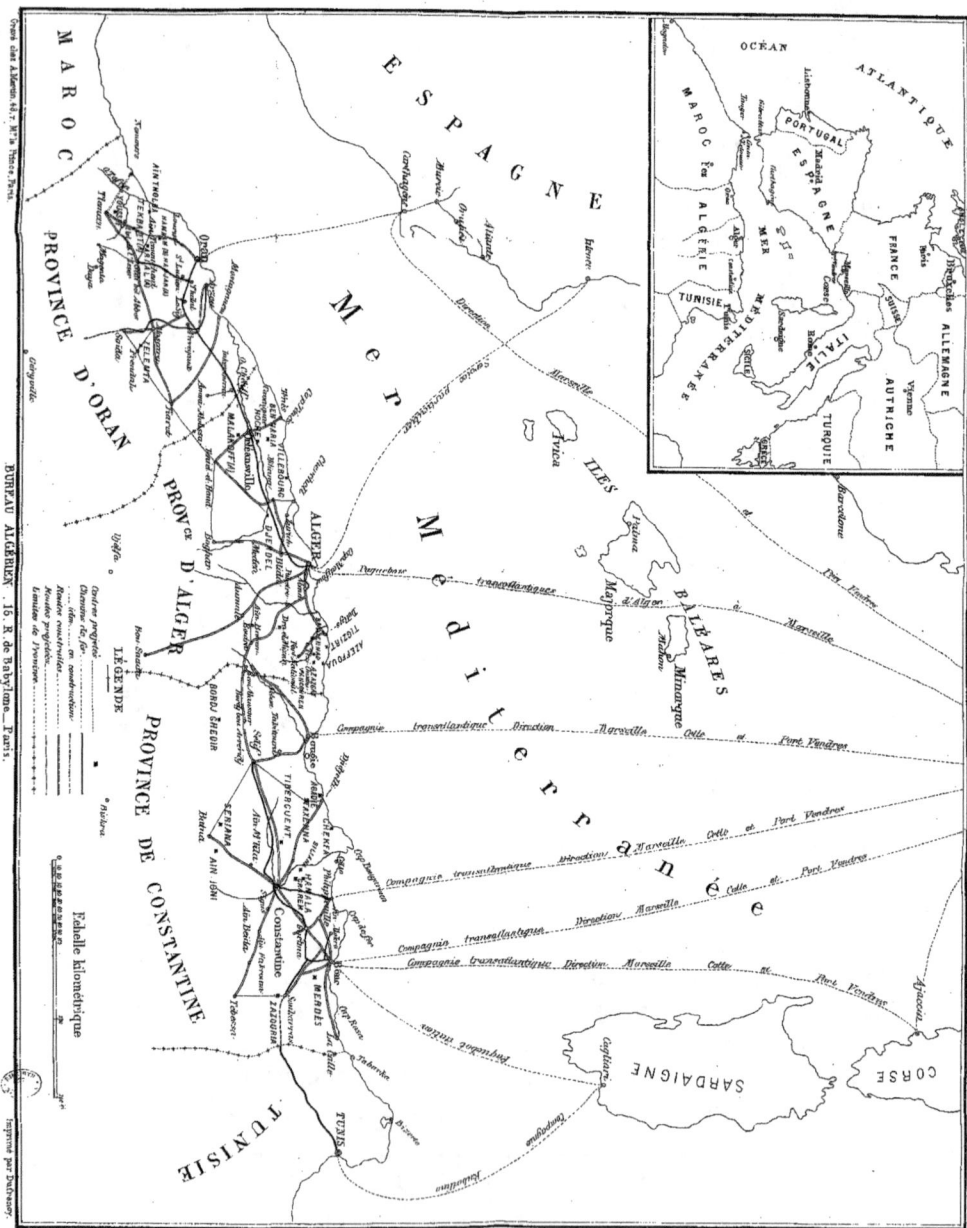

ESPAGNE

Mer Méditerranée

MAROC

PROVINCE D'ORAN

PROV.ce D'ALGER

PROVINCE DE CONSTANTINE

TUNISIE

ILES BALÉARES

Majorque

Minorque

SARDAIGNE

CORSE

Marseille

Compagnie transatlantique Direction Marseille Cette et Port-Vendres

Compagnie transatlantique Direction Marseille Cette et Port Vendres

ORAN

ALGER

Constantine

TUNIS

LÉGENDE

Centres projetés
Chemins de fer :
— en exploitation
— en construction
Routes construites
Routes projetées
Limites de Province

Échelle kilométrique

BUREAU ALGÉRIEN, 16, R. de Babylone. — Paris.

Grav. chez A.Marion, 65.7. M.te Neuve. Paris.

Imprimé par Dufrenoy.

OCÉAN ATLANTIQUE

PORTUGAL

ESPAGNE

FRANCE

ITALIE

ALLEMAGNE

AUTRICHE

TURQUIE

MAROC

ALGÉRIE

TUNISIE

MER MÉDITERRANÉE

www.ingramcontent.com/pod-product-compliance
Lightning Source LLC
LaVergne TN
LVHW022014080426

835513LV00009B/718